基于互联网的中国数字经济创新发展研究

柳西波　张　静◎著

吉林大学出版社
·长春·

图书在版编目（CIP）数据

基于互联网的中国数字经济创新发展研究 / 柳西波，张静著 . -- 长春：吉林大学出版社，2023.6
ISBN 978-7-5768-1878-9

Ⅰ.①基… Ⅱ.①柳… ②张… Ⅲ.①信息经济 – 经济发展 – 研究 – 中国 Ⅳ.① F492.3

中国国家版本馆 CIP 数据核字 (2023) 第 133278 号

书　　名	基于互联网的中国数字经济创新发展研究
	JIYU HULIANWANG DE ZHONGGUO SHUZI JINGJI CHUANGXIN FAZHAN YANJIU
作　　者	柳西波　张　静　著
策划编辑	殷丽爽
责任编辑	殷丽爽
责任校对	安　萌
装帧设计	李文文
出版发行	吉林大学出版社
社　　址	长春市人民大街 4059 号
邮政编码	130021
发行电话	0431-89580028/29/21
网　　址	http://www.jlup.com.cn
电子邮箱	jldxcbs@sina.com
印　　刷	天津和萱印刷有限公司
开　　本	787mm×1092mm　1/16
印　　张	12.5
字　　数	260 千字
版　　次	2024年1月第1版
印　　次	2024年1月第1次印刷
书　　号	ISBN 978-7-5768-1878-9
定　　价	72.00 元

版权所有　　翻印必究

作者简介

柳西波（1983.12），男、汉族、江苏邳州人，泸州职业技术学院副教授，教务处副处长，国家级科技特派员、省级技术能手、省级电子信息行业技术能手。毕业于河北工业大学管理科学与工程专业，硕士。主要从事电子商务运营与管理、数字经济、农村电商创新创业等方面的研究与教学工作。主持主研省部级、市级课题16项，发表论文近30篇，主编、副主编出版《农村电商》《农村电商基础与实务》等教材6部。曾先后担任"国家级电子商务示范县、河北省农村电子商务全覆盖工程、电子商务示范企业、示范基地、创新创业大赛、电子商务技能大赛"等项目的验收及评审、评委工作。

个人曾获全国信息化教育教学大赛三等奖、五次获河北省职业技能竞赛一等奖，获邢台市社会科学优秀成果奖二等奖两项，获河北省教学成果奖二等奖、四川省职业教育教学成果一等奖各1项。指导学生获全国职业技能大赛、省职业技能大赛一、二等奖多项。指导5人获评"河北省技术能手"，领办的泸州职业技术学院柳西波技能人才创新工作室被评为四川省教科文卫体系统劳模创新工作室。

张静（1983.8），女，汉族，河北邢台人，河北机电职业技术学院讲师，工商管理经济师，市场营销专业骨干教师。毕业于延安大学企业管理学专业，管理学硕士。主讲《调查与定位》《销售与销售管理》《营销策划及实施》等课程。发表核心论文两篇及省级期刊论文若干，出版专著一部。先后参加全国教育教学信息化大赛获河北省二等奖；参加河北省电子信息职业技能大赛物流企业运营管理项目获得团体二等奖两项；2021年获邢台市第十五届社会科学优秀成果奖三等奖两项。指导学生参加职业技能大赛获得省级一、二、三等奖多项。

前　言

数字经济属于信息经济发展的高级阶段，是在信息与数字技术的发展过程中产生的一种新的经济形态。20世纪90年代，随着IT革命在欧美国家兴起并全面向各领域扩散、渗透，数字经济的叫法也开始流行起来。近年来，数字经济增长非常迅速，特别是随着大数据、云计算、物联网、人工智能等数字技术的兴起并逐渐向传统领域渗透，数字经济已经超越单纯的信息通信技术等数字技术产业范畴，进一步升级到以数据为生产要素、以现代互联网与数字平台为重要载体，不断驱动传统产业数字化、平台化、普惠化发展的数字经济时代。伴随着数字产品的日新月异，数字经济正在迅速蔓延。数字经济是新经济的核心，将发达国家和地区与不发达国家和地区更紧密地联系起来。数字经济活动并不否定经济集聚效应，相反，由于空间性的存在，这种经济集聚效应似乎更加明显，经济活动的空间相关性更加显著，只是解读的视角不仅要考虑地理空间性，也需要关注文化、经济、人口等非地理维度的空间性，由此需要研究数字经济特有的空间增长机制。

本书第一章为数字经济概述，主要从数字经济的内涵与特征、中国数字经济的发展演变、中国发展数字经济的意义与挑战等方面出发。第二章讲述了互联网时代数字经济的发展模式，主要从互联网时代数字经济与区块链、互联网时代数字经济与5G技术、互联网时代数字经济与人工智能和云计算等方面出发。第三章为互联网时代数字经济对中国各领域的影响，分别对互联网时代数字经济对中国金融、对中国劳动力的影响等进行了相关分析。此三章由河北机电职业技术学院的张静撰写，泸州职业技术学院的柳西波（原任教于河北机电职业技术学院）参与了互联网时代数字经济对中国产业升级的影响分析。第四章为互联网时代数字经济的创新驱动，主要从加快建立互联网时代数字经济创新的物质驱动、加快培养互联网时代数字经济创新的人才驱动、加快促进互联网时代数字经济创新的产业驱动这三方面展开。第五章是互联网时代中国数字经济发展展望，主要介绍了对未来经济领域、未来科技领域和未来管理领域的发展展望几方面。此两章由柳西波基于主持的四川省电子商务与现代物流研究中心2022年项目（编号：DSWL-8）、四川省教育厅2022年度教育科研课题（编号：SCJG22A271）中期研究成果进行撰写。

本书共26万字，柳西波负责第一章、第二章、第四章，约15万字，张静负责第三章、第五章，约11万字。

在撰写本书的过程中，笔者得到了许多专家学者的帮助和指导，参考了大量的学术文献，在此表达真诚的感谢。由于笔者水平有限，书中难免会有疏漏之处，希望广大同行及时指正。

柳西波　张静

2022年12月

目　录

第一章　数字经济概述 1
　　第一节　数字经济的内涵与特征 1
　　第二节　中国数字经济的发展演变 7
　　第三节　中国发展数字经济的意义与挑战 19

第二章　互联网时代数字经济的发展模式 26
　　第一节　互联网时代数字经济与区块链 26
　　第二节　互联网时代数字经济与5G技术 32
　　第三节　互联网时代数字经济与人工智能和云计算 36

第三章　互联网时代数字经济对中国各领域的影响 42
　　第一节　互联网时代数字经济对中国金融的影响 42
　　第二节　互联网时代数字经济对中国劳动力的影响 60
　　第三节　互联网时代数字经济对中国产业升级的影响 96

第四章　互联网时代数字经济的创新驱动 115
　　第一节　加快建立互联网时代数字经济创新的物质驱动 115
　　第二节　加快培养互联网时代数字经济创新的人才驱动 120
　　第三节　加快促进互联网时代数字经济创新的产业驱动 132

第五章　互联网时代中国数字经济发展展望 ·············· 167
第一节　对未来经济领域的发展展望 ·············· 167
第二节　对未来科技领域的发展展望 ·············· 168
第三节　对未来管理领域的发展展望 ·············· 173

致谢 ·············· 189

参考文献 ·············· 190

第一章 数字经济概述

数字经济是移动互联网、云计算、大数据等新一代通用技术深入经济社会各个层面后产生的结果,是引领全球经济增长的重要引擎之一。本章为数字经济概述,分别介绍了数字经济的内涵与特征、中国数字经济的发展演变、中国发展数字经济的意义与挑战三方面的内容。

第一节 数字经济的内涵与特征

一、数字经济的内涵

(一)数字经济的基础

当今世界科技日新月异、发展迅猛,已成为促进经济和社会发展的主导力量。其中,数字技术方面的突破受到广泛关注,发展前景十分广阔。数字经济发展主要经历了三个阶段:第一阶段是数字经济的孕育阶段,始于20世纪70年代,出现了数字嵌入技术和数字内容产品;第二阶段是数字经济的成长阶段,始于20世纪90年代,以形成对数字经济产业的基本数字技术支持体系为代表;第三阶段是数字经济的崛起阶段,时间跨度是从20世纪末到如今,数字经济领域蓬勃发展,数字产品交易和应用层出不穷,技术的市场化应用日益成熟。

1. 数字经济的孕育阶段

数字经济能出现在人们视野里要归功于数字嵌入技术和以通信网络为基础的互联网的诞生。在互联网诞生之前,英国、法国、加拿大等国家的计算机网络建设已经实现或在筹备中,但还没能做到全球性的通信互联的技术突破。TCP/IP 协议改变了这一困境,并在之后拓展到全球范围。数字经济发展的基础是计算机和网络技术的进步。TCP/IP协议是数字内容产品孕育的一个标志，它的出现使得数字内容在互联网上出现及传播成为可能。

2. 数字经济的成长阶段

网络通信行业的基础设施建设为推动数字经济的发展奠定了基础。网络通信行业的基础设施建设主要包括搭建网络所必需的计算机硬件制造，通信硬件、软件和服务。

3. 数字经济的崛起阶段

数字经济的发展进步给社会生产、商业模式都带来了颠覆性的影响。大量的数字应用层出不穷，个体和组织都能参与数字技术改变社会进程的环节，数字工作者在此间也能创造收益；数字技术也便于人们触及信息前沿，利于产出创新性更强的产品；社会交往更多元，社会互动更广泛。

数字技术在政府工作中的应用影响着各项政府服务、监管程序、决策过程和治理制度，能让公众更高效、更广泛地参与政府事务，起到提高政府效率、转变政府职能、降低管理成本的作用。同时，一些关于网络发展的理论及相关的政策也对数字经济的发展起到了巨大的推动作用，比如梅特卡夫法则、摩尔定律、达维多定律以及数字商业政策等。这些理论的应用不仅利于学者学习和研究数字经济的内涵，也便于决策者把握数字经济脉搏，完善相应的制度和法律保障，确保市场的健康发展。随着理论和实践的完善，数字经济已进入崛起阶段。

（二）数字经济的概念

数字经济，是伴随着全球数字化浪潮，在新一轮科技革命和产业变革中孕育兴起的经济模式；是以使用数字化的知识和信息作为关键生产要素，以现代信息网络作为重要载体，以信息通信技术的有效使用作为效率提升和经济结构优化重要推动力的一系列经济活动。虽然经济价值来源于互联网，但大部分数字经济的定义不仅仅是互联网经济，同时还包括经济和社会活动所产生的其他信息和通信技术（ICT）。通常来说，数字经济是主要通过数字技术在互联网上进行商务交易的经济，数字经济和经济是数学概念里子集与母集的关系。

数字经济通过不断升级的网络基础设施与智能机等信息工具，互联网、云计算、区块链、物联网等信息技术，使人类处理大数据的数量、质量和速度的能力不断增强，推动人类经济形态由工业经济向信息经济、知识经济、智慧经济形态转化，极大地降低社会交易成本，提高资源优化配置效率，提高产品、企业、产业附加值，推动社会生产力快速发展，同时为落后国家后来居上实现超越性发展提供了技术基础。数字经济也称智能经济，是工业4.0或后工业经济的本质特征，是信息经济、知识经济、智慧经济的核心要素。

综上所述，数字经济是建立在数字技术基础上的生产、消费和交易等经济活动。

二、数字经济的特征

（一）数字经济的发展定律

1. 梅特卡夫法则

梅特卡夫法则是指网络价值随着用户数量的平方数增加而增加，即网络的价值 $V=K \times N^2$（K 为价值系数，N 为用户数量）。在基础设施成本一定的情况下，使用的用户越多，则其带来的价值就越大。正如网络信息门户网站，资源被固定在门户网站上，浏览网页的人员越多，此网页的价值就越大，相应均分到的成本就越小，即数字经济的价值随着网络用户的增加而呈指数形式增长。

在数字经济中，数字产品可以很容易地进行复制和传播，这就导致更多的用户可以通过比较低廉的成本获取产品，有效地增加了产品的累积增值性。与此同时，大数据的整合功能可以按照使用者的要求进行处理加工、分析综合，整合零散无序的资料、数据和信息，使之成为高质量、有序的信息资源，为经济决策提供科学依据，带来不断增长的报酬。

2. 摩尔定律

摩尔定律重要的意义在于，长期而言，随着制程技术的进步，在相同面积的经营下生产同样规格的IC，每隔18个月，IC产出量就可增加一倍，换算为成本，即每隔18个月成本可降低50%，平均每年成本可降低30%以上，使得IC产品能持续降低成本、提升性能、增加功能。这一定律揭示了成本降低的速度。但后来衍生的新的摩尔定律则意指互联网主机数和上网用户的人数的递增速度大约每半年就翻一番。针对一般商品而言，生产一单位商品的边际成本超过一定的限度后会有所上升，然而数字内容产品基于网络传播的特性打破了这一限制。

数字内容产品是指在数字经济的各种商业交易中，基于计算机数字编码形成的产品。它的成本主要由三部分构成：一是信息基础设施建设成本，二是信息传递成本，三是信息的收集、处理和制作成本。由于信息网络可以长期使用，并且其建设费用与信息传递成本及入网人数无关，所以前两部分的边际成本为零，平均成本都有明显递减趋势，只有第三种成本与入网人数相关，即入网人数越多，所需收集、处理、制作的信息也就越多，这部分成本就会随之增大，但其平均成本和边际成本都呈下降趋势。因此，信息网络的平均成本随着入网人数的增加而明显递减，其边际成本则随之缓慢递减，网络的收益随入网人数的增加而同比例增加。

3. 达维多定律

达维多定律指出数字经济更注重创新，创新是经济发展的不竭动力。世界经济论坛指出，数字经济是"第四次工业革命"框架中不可缺少的一部分。越来越多的基于数字技术和新的商业模式下的创新可以减少投入，甚至是零投入，例如现有产品和流程的数字化、分布式制造、依赖广告的免费业务，还有交通、银行、教育等各领域的类似于优步的绿色出行计划等，因此在数字经济下必须注重创新。与大多数现代专业人士相比，常规专业人员执行他们被要求做的任务，他们因执行工作而产生创新，这个概念适用于大多数社会工作。从这个角度来看，任何社会工作者不愿过于乐观地参与可以被视为提高技术的使用及改善其与社会工作之间的关系的日常实践中，这样一个"对抗创新"的态度可能是比不加批判的科技魅力更适合社会工作环境。大多数创新都不是由工程师在实验室完成的，例如早期用户之间的对话充满局限，为了寻求受欢迎的应用程序，一些业余人员有了一个好主意，开发了一个原型，然后取得了一些成功，之后，产品或技术的专业开发人员去研究它，这就是聊天软件的出现过程。电脑和互联网正逐渐改变我们思维方式的方方面面：我们的感觉、我们的记忆、我们使用的语言、我们的想象力、我们的创造力、我们的判断和我们的决策过程。为了能够与更强大的技术竞争，人类在未来将不得不专注于创新，企业更需要如此。

（二）数字经济的基本特征

在数字经济系统中，数字技术被广泛应用，由此带来了经济活动的新特征。

1. 开放性

数据资源天生具有很强的开放性，现在互联网上有着海量的数据，每时每刻都在产生海量的数据，这些数据，只要有网络和计算终端的组织和个体都可以很容易获取。并且单一的一条数据不具备价值，无法进行生产，必须与其他的数据进行融合集成，才能产生业务价值。所以相对于实体资源的稀缺性和难于获取性，数据资源是非常开放和容易获取的。

首先是人与人的关系和部分行为互动的开放。传统经济下，人与人的交流比较局限单一，如通过书信、报纸等不便捷的方法进行交流，显得人与人关系狭窄封闭。数字经济繁荣发展则大大打破了这种局限性，技术手段可以让远在天南海北的两个人通上话；相隔千里，也能实现商品交易。数字经济组织结构由于趋向扁平化，处于网络端点的生产者与消费者可直接联系，深化了人与人之间部分行为的互动，降低了传统的中间商层次存在的必要性，从而显著降低了交易成本。但是数字经济中不同的技术标准和不同的个人能力造成比较大的机遇不平等，因此平等接入互联网是公平参与社会的关键。

其次是技术的开放。数字产品的主要投入为知识（技术），但是技术上的保密性是企业保持竞争优势的重要筹码，数字经济喜欢新事物和新理念，缺乏创新意味着丧失竞争力，终将无法逃脱被淘汰的命运。简而言之，"一切照旧"意味着失去机会和造成竞争劣势，速度、弹性和创新是必要的数字经济新要求。以软件业为例，起初技术人员在构建软件时，他们通常为心中假想的某一类用户而编写，现在软件创造者则针对各种可能的潜在用户，逐步开放使用，并解决了大多数用户的需求。在移动通信行业领域，设计良好的平台可以促进应用程序的升级，为用户平台增加功能，因此它可以不断增值。此外，越来越多的数字产品在技术开放的背景下抢占了先机，一度成了竞争的赢家，比如在移动通信领域，安卓操作系统的开放性选择和苹果系统的半开放性都在很大程度上击垮了技术上少有改变、没有做好应用的配套、没有唤起产业链上的合作伙伴及用户信心的塞班系统。开放性能力是指技术开放，包括创造产业链条、搭建产品平台、打破市场壁垒、加快信息技术开放。信息技术平台在数字经济基础设施中举足轻重，技术的开放让竞争多方都成为赢家。

2. 兼容性

数字经济促进了产业兼容、技术兼容和发展兼容。

一是产业的兼容，知识的生产、传播以及应用被信息化和网络化迅速渗透，最终促成了第一、第二、第三产业的相互融合。例如，农业工作变得机械化，对劳动力的需求大幅度减少，工业也如此，传统工业劳动力需求出现一定的更迭，不能适应数字经济下新工作岗位的工人面临失业，而大量新兴的技能需求却人员不足。因此，新农民、新农业、新工人、新工业将大量涌现，电脑控制、移动终端操作这些技术将提高工作效率，降低人工成本，打破技术限制，导致三大产业之间的界限变得模糊，最终实现产业的兼容。

二是技术的兼容，在日渐一体化的数字经济融合中，互容性允许不同的平台和应用程序之间的不同的开发及使用人员联系和沟通，以此增加用户的使用价值。互容性是指不同硬件与软件、技术之间的兼容。不同的平台和应用程序之间的互相操作性允许这些单独的组件连接和沟通，这是基本数字技术日益趋同的结果。用户通过一个单一的平台访问更广泛的内容，这体现了互容性增加产品的价值。如今，由于数字经济中区别于传统实物交易的产品及服务均以数字化的形态存在，现实与虚拟技术的兼容成了数字经济的有力依托。例如，广泛运用的虚拟现实技术。作为数字化高级阶段的虚拟现实技术能使人造事物像真实事物一样逼真，以此来应对现实中难以实现的情景。比如对地质灾难及泥石流、火灾等突发事件的学习与体验，因为难以制造现实场景来构建学习平台，通过虚拟现实就能把各种可能的突发事件集中起来，让人们产生身临其境的感觉，以此来推动应急管理工作开展。然而技术的兼容需要统一的标准化要求，但是标准化不应被视为技术兼容的灵丹妙药。第一，标准制定过程必须公开和透明。第二，虽然采取了许多数字标准，然而在实践中很少有成功的，因此一个有效的标准必须是精心设计、满足真实需求并能够广泛开展的。第三，实施标准化的企业有可能相对于其他企业创新更慢，它会抑制产品差异化。

三是发展过程中消耗与可持续性的兼容。传统的经济发展认为社会资源是有限的，经济发展必然会带来资源的消耗，因此与生态环境很难兼容，即经济的发展会对有形资源、能源过度消耗，造成环境污染、生态恶化等危害。数字经济在很大程度上既能做到减少资源消耗，又能够保障社会经济的可持续发展。

3. 共享性

技术变得越来越嵌入我们的生活，因此产生了越来越多的数据。数据或技术的共享会吸引更多的用户或组织，如广告商、程序开发人员到平台上来，带来的直接效果就是平台上的用户越来越多，吸引力越来越大，用户与产品的相互作用越来越明显，会有更多的用户和有价值的产品不断出现。共享带来的间接效果是平台的高使用率会为类似平台或产品的原始用户带来收益，同时原始用户通过技术把一部分额外效益无偿转移给其他生产者或消费者。例如，被广泛采用的操作系统会吸引应用程序开发人员生产新的应用兼容程序的操作系统来保障用户的利益，同时自身也获得额外收益。

第二节 中国数字经济的发展演变

数字经济的发展不可能一蹴而就，在不同国家和地区、不同行业体现为不同的发展水平。就我国来说，数字经济经历了三大阶段：数字化阶段、互联网（物联网）阶段、数字孪生阶段，对应数字经济的 1.0、2.0、3.0 这三大阶段。

数字化阶段（1980—2000 年）。我国从 1980 年开始推动数字化，如 GIS、数控机床、数字计算机、数字化光盘、程控数字交换机、数字多媒体设备等。设备的数字化使人们摆脱了笨重、低效模拟设备的束缚。数字化是互联网的前提，正是实现了数字化，互联网的 OSI 七层模型协议、TCP/IP 协议等才得以实施。

互联网阶段（2001—2020 年）。从 2000 年开始，我国互联网蓬勃发展，如腾讯公司于 1998 年成立，阿里巴巴公司于 1999 年成立，百度公司于 2000 年成立；我国从 2010 年左右开始大力推动物联网技术的研发与普及。而物联网与互联网本质上属于同一个发展阶段。

数字孪生阶段（2021—2030 年）。在数字化、互联网的基础上，我国一些行业开始向数字孪生领域发展，通过引入一系列的仿真设备、软件平台、VR/AR 技术，推动物理世界的模型化，如 BIM 建筑模型、数字孪生工厂、数字孪生城市等。

一、数字经济 1.0 阶段

数字化的出现最早可以追溯到计算机的发明。众所周知，第一台计算机是诞生于 1946 年的 ENIAC。作为第一台计算机的研制者，数学家冯·诺依曼提出了计算机制造的三个基本原则，即二进制（0，1）逻辑、程序存储执行及计算的五部分组成，这套理论被称为冯·诺依曼体系结构。该体系今天依然指导着计算机的制造。

从模拟时代到数字时代，借助 0 和 1 及它们的组合，将生产生活的模拟参数转换为数字，这种模拟到数字的编码，再从数字化解码到模拟的呈现方式，是最初的数字化阶段。数字化在各行业的普及，市场需求的不断增加，促进了数字化编码方法、计算架构、存储介质的不断升级。

以多媒体行业为例，从模拟化到数字化的转型升级通过两个过程展现：一是传统内容的数字化，即对传统平面内容、电视节目、广播节目的数字化；二是新的数字化内容的生产。在数字时代的催化下，内容逐步与原有专属媒介分离，如电视剧、电视节目不再专属电视，电影不再专属电影院，内容产业开始成型；加之技术、网络协议的标准化，使媒介间的界限日益变得模糊，内容数字化、网络标准化使平台间横向打通，多元媒介出现对抗性融合与互补。

模拟信号数字化需要经过三个基本过程。

第一步是抽样，即以相等的间隔时间来抽取模拟信号的样值，使连续的信号变成离散的信号。

第二步是量化，把抽取的样值变换为最接近的数字值，表示抽取样值的大小。

第三步是编码，把量化的数值用一组二进制的数码来表示。例如，当传统模拟电视转换成数字电视后，用户能够收看的频道增多，此外还有诸多可付费收看的频道。另外，数字电视传输信号的抗干扰性、电视画面的清晰度也会大大提高。

又如，模拟监控就是产生模拟信号，通过采集卡或者 OVR 将模拟信号转化为数字信号存储起来，或者通过更原始的方式，即通过录像带等介质将其储存起来。数字监控就是摄像头生产的数字信息，可直接进行处理。相对来说，模拟监控成熟，产生的图片清楚但不宜存储；数字监控相对模拟监控来说信号被压缩或处理过，图像清晰度稍稍差一些，但方便存储和处理。随着数字技术越来越成熟，数字监控的优势越来越突出。

此外，工业物联网、控制传感器数据、机对机通信和自动化技术的能力在不断革新机器数据捕捉和通信的方式。模拟到数字设备的转换正在创造自动化的机器，推动数字经济进入 2.0 阶段。

二、数字经济 2.0 阶段

（一）产业数字化向数字产业化转变

随着科技水平的发展进步，超大规模集成电路领域也有显著的突破，纳米级芯片得到广泛应用。在计算机革命推动人类社会发展的过程中，人类逐渐意识到数字技术对生产生活带来的颠覆性变化和影响。在这种背景下，互联网概念应运而生。

互联网概念最初起源于 1969 年美国国防部国防高级研究计划局建立的 ARPANET(Advanced Research Projects Agency Net)，当时主要用于军事指挥系统。进入 20 世纪 90 年代后，互联网的使用人数呈指数增长。互联网为寻求自身新的增长点不断地进行扩张，其自身所蕴含的巨大扩张力迅速将其推向各个领域，互联网的使用者已不再是计算机专业人员，多种学术团队、企业研究机构，甚至个人用户亦纷纷加入。商业机构的进入，带来了互联网史上的一次新的飞跃，但同时在金融市场造成了互联网泡沫。2019 年，互联网用户数已经突破 40 亿，2000 年互联网过度炒作引发的泡沫破灭也给人们推动 5G、工业互联网、数字孪生、区块链和人工智能等技术的发展带来了一些启示：技术是慢慢渗透的，不是一蹴而就的，尤其在对人类的生产生活有广泛、深度影响的领域，必须遵循萌芽期、成长期、成熟期、衰退期的固有规律。

3G/4G 网络的覆盖使移动互联网兴起，同时，Wi-Fi 网络进一步推动了数据流量成本的下降，其流量比互联网时代增长了几何级别的倍数。

随着 4G、5G 的建设，物联网崛起了。顾名思义，物联网即万物相连的互联网。其通过射频识别技术（RFID）、全球定位系统（GPS）、红外感应器及激光扫描器等信息传感设备，按照约定的协议，将所有的物品与互联网连接起来，进行信息交换和通信，以实现智能化识别、定位、监控及管理。随着物联网的不断发展，数据量逐步增加，大数据处理技术运用而生，大数据技术运用能够为管理者提供有关数据支撑，相关工作人员也能通过对大数据技术的分析，发现运行物联网及大数据中运用主体的趋势及问题，找出下一阶段问题解决的有效方式。总而言之，大数据处理技术作为推进社会各行业发展的关键技术手段，促进了物联网技术的飞速发展。在工业经济时代，产品从工厂经过批发商、经销商最后到消费者手中，整条路径是不可知的；而在数字经济时代，在电商路径下，产品的销售路径都是数字化的，到了哪个批发商，到了哪个经销商，最后到了哪位消费者手中都是可知的。

随着互联网、物联网、大数据、云计算、人工智能、5G技术的广泛应用，数字孪生终将走向世界的舞台。数字孪生技术能够在提高生产效率、优化供应链、改变预测性维护、有效缓解交通拥堵等领域发挥重要作用。

（二）互联网经济全面融入人类活动

如今，5G时代已经到来，并逐步普及。5G极大地满足了人们对于移动通信网络的需求，提高了生活品质。现代移动通信以1986年第一代通信技术（1G）发明为标志，经过几十年的爆发式增长，极大地改变了人们的生活方式。

第五代移动通信技术是最新一代蜂窝移动通信技术，是4G（LTE-A、WiMax）、3G（UMTS、LTE）和2G（GSM）系统的延伸。5G的性能目标是高数据速率、减少延迟、节省能源、降低成本、提高系统容量和大规模设备连接。

6G将是太赫兹波时代，兼具微波通信及光波通信的优点，即传输速率高、容量大、方向性强、安全性高及穿透性强等。美国在2004年提出的太赫兹波技术，被列为"改变未来世界的十大技术"之一。它的波长为3μm~1000μm，而频率为300GHz~3THz，高于5G使用的最高频率，即毫米波的300GHz。6G系统的天线将是纳米天线；在4G、5G移动互联网时代，手机可以实现位置定位、读取二维码、实现NFC功能、记录海拔高度和运动步数等，万物互联中人、流程、数据和事物结合一起，使网络连接变得更有价值，地面基站与卫星通信集成从而真正做到覆盖全球。6G更进一步，网络将无处不在、无时不有，物就是网，网就是物，这就是物网融合的新时代。

数字时代的来临，让人们的生产设备、电子生活用品逐渐从模拟电路向数字电路过渡，设备更小更节能，交流沟通更便捷，推动了固定互联网和移动互联网的大发展。

（三）物联网在物理世界中无处不在

进入21世纪后，物联网技术高速发展。2005年举办的信息社会世界峰会正式引入了"物联网"概念。

中国的物联网技术在概念提出后有了长足的发展，业内形容其为"五年一小步，十年一大步"。回顾这十几年的时间，中国物联网发展水平逐渐向世界先进水平靠拢，各大科技企业纷纷试水物联网，极大地推动了整个行业的快速前行。

经历了多次蜕变的物联网技术，未来将何去何从？可以预见的是，未来物联网技术将渗透社会各个角落，在众多领域中起到主导作用。从目前的情况看，传统企业是物联网技术下的最先受益者。

在技术革新的背景下，物联网已经开始逐渐在各个传统行业落地，助力传统产业升级转型。智慧物流、智能交通、智能安防、智慧能源环保、智能医疗、智慧建筑、智能制造、智能家居、智能零售、智慧农业、智慧城市等领域都存在物联网技术的身影，尤其是智能零售，更加离不开物联网的支撑，这是物联网技术改造传统行业的典型案例。以阿里巴巴的盒马鲜生为例，其借助物联网技术，可以做到对生鲜产品的溯源、防伪查询，以及确保对生鲜在整个冷链运输过程中温度及时间的掌控。同时，物联网技术还能帮助消费者实现智能识别、无人销售等全新体验。

除传统行业外，未来物联网会成为世界生产、社会运转的数字化基础。以我国为例，早在2018年，国务院就已正式印发《"十三五"国家信息化规划》，其中明确指出，"积极推进物联网发展。推进物联网感知设施规划布局，发展物联网开环应用。实施物联网重大应用示范工程，推进物联网应用区域试点，建立城市级物联网接入管理与数据汇聚平台，深化物联网在城市基础设施、生产经营等环节中的应用"[①]。

未来物联网的神经触角遍及全世界的每个角落，每个个体和普通物体一样挂在这张网上，就像大脑中一个个小小的神经元，为智能世界提供数据；从智能世界中不断获取知识和智慧，提升自己的认知，不断进化，成为智能系统中的一个控制中枢。

三、数字经济 3.0 阶段

（一）数字孪生概述

数字孪生不仅指物理环境，还包括行业管理、城市管理、企业管理流程及商

---

① "十三五"国家信息化规划 [J]. 中国电信业，2017（02）：22-49.

业活动中人们行为过程被映射到网络环境的现象。总之,数字孪生包括两方面:物理环境、流程活动。

数字孪生技术可以实现从实体到虚拟的映射,用数字化的方式展现物理世界的状态。目前,这项技术在工业、汽车、交通、航空航天等领域获得了高速发展,帮助企业完成了从产品研发、制造到后期运维的全生命周期的管理。近几年,智慧城市和工业信息化的发展对传统的空间信息采集技术与分析手段提出了很多挑战,数字孪生技术成为可靠的底层技术支撑。

(二)数字孪生的研究步骤

第一步,模型与建模。数字孪生建模的首要步骤是创建高保真的虚拟模型,真实地再现物理实体的几何图形、属性、行为和规则等。这些模型不仅要在几何结构上与物理实体保持一致,而且要模拟物理实体的时空状态、行为、功能等。由于数字孪生包含多种多样的子系统,传统的建模方法可能无法精确地对整个数字孪生系统进行描述,同时对于整体数字孪生系统的建模,还没有一致的结论。当前,数字孪生建模通常基于仿真技术,包括离散事件仿真、基于有限元的模拟等,依靠通用编程语言、仿真语言或专用仿真软件编写相应的模型。

第二步,数据采集、传输与处理。数据是连接物理空间和虚拟空间的桥梁,是实现信息物理系统(Cyber-Physical System,CPS)的关键基础。数据采集主要通过可靠传感器及分布式传感网络对物理设备数据实时准确地感知获取,是实现数字孪生的一项重要技术。

第三步,交互与协同。交互与协同是数字孪生的关键环节。虚拟实体通过传感器数据监测物理实体的状态,实现实时动态映射,再在虚拟空间通过仿真验证控制效果,并通过控制过程实现对物理实体的操作。数字孪生中的交互与协同包括物理—物理、虚拟—虚拟、物理—虚拟等形式,涵盖人、机、物、环境等多种要素。其中,物理—物理交互与协同可以使物理设备间相互通信、协调与协作,以完成单设备无法完成的任务;虚拟—虚拟交互与协同可以连接多个虚拟模型,形成信息共享网络;物理—虚拟交互与协同使虚拟模型与物理对象同步变化,并使物理对象可以根据虚拟模型的直接命令动态调整。当前,数字孪生深层次交互与协同方面的研究还比较少,仅在实时数据采集、人机交互等理论上有部分研究。

"物理融合、模型融合、数据融合、服务融合"四个维度的融合框架可以为实现数字孪生的交互与协同提供参考框架。

可以说，数字孪生是再造一个数字的人类世界，这个人类世界存在于网络中，有大量的数据流动、算法、网络节点、存储节点、计算节点、可靠的信任法则、大量的服务应用，以及大量的传感器、服务器、传输系统、泛终端等，这些共同构成了数字世界。

（三）人工智能的食粮——大数据

大数据（结构化、非结构化数据）为人工智能提供了机器学习"食粮"。人类生产、生活产生了大量的数据，国际数据公司（International Data Corporation，IDC）公布的《数据时代2025》报告显示，2025年人类的大数据量将达到163ZB。[①] 面对这样一个庞大的数量，可通过信息系统、检索系统、智能检索解决入口问题；可通过云计算解决服务器利用效率、通过CDN解决网络层面的存储转发、通过建设高速全光网络和移动网络不断升级换代解决数据传送速率问题，通过建设现代数据中心及通信机房向数据中心的转化，建设网络层面的高速公路；而在数据层面可采用数据清洗、大数据算法、数据挖掘、数据建模、数据集市、知识库等建设数据的管理利用平台，但数据的利用率依然较低。当前，大数据主要的用途集中于消费领域，而大数据的真正价值在于人工智能。大数据，尤其是带着数据标签的数据是机器学习、深度学习、神经网络、模式识别等人工智能算法的基础，且数据量越大，人工智能的结论越接近正确答案。

1. 大数据背景下信息流动

与传统的信息流动相比，大数据背景下的信息流动在各个层面都具有显著的差异性，具体体现在数据规模大、关联性强、复杂度高，导致信息流动的复杂性、不确定性和涌现性。本书将从数据流动形式、数据流动空间两个方面进行分析。

（1）数据流动形式

现代科学信息的定义不再是简单的事物发出的消息，还指指令、数据等所包含的内容。最早数据的概念等同简单的阿拉伯数字，但随着计算机、互联网等科学技术的快速发展，数据被赋予更多含义，其不仅是数字，还可以是字母、表格、

---
① 陈小燕，干丽萍，郭文平. 大数据可视化工具比较及应用[J]. 计算机教育，2018（06）：97-102.

文字、图形等，数据就是反映客观事物属性的记录，其经过加工处理后就成了信息。

古代的数据流动形式单一、传递慢、不精确，或靠驿差长途跋涉，或靠口耳相传，或靠飞鸽传书。现代的数据流动形式多样，可以通过电话、邮递、期刊、报纸、电视、网络等传输，而流动的主力军就是互联网。互联网就像一个大的神经网络，由于互联网本身具备的开放性和关联性特征，信息在这个网络上的流动时间缩短，流动空间变大，其价值也变大了。

在大数据时代背景下，人们通过对数据进行收集、处理、分析，挖掘出有价值的信息加以应用。部分人通过应用产生新的数据反馈给用户，用户得到数据后，又产生新的数据，这就形成了流动数据生态圈。信息的形式不再局限于文字、图形、表格，还可以是实时采集到的视频数据。因此，大数据背景下数据流动形式趋向多样化。

（2）数据流动空间

信息流动空间不同于传统的静态地理空间，它建立在地域空间基础上，是一个新的空间形态，具有相互关联且巨大的三维流动空间性，主要通过现代互联网信息技术将不同地区连在一个准同步合作的网络中，具体表现为空间通信网络、数据库和信息的融合。在这个网络生态环境下，数据量巨大，绝大多数数据与空间位置有关，空间数据是大数据基础，包括空间实体的属性、位置、数量等，因此在大数据背景下，信息流动空间关系复杂度更高、数据量更大、空间性和时间性更强，受地理、人为、技术、基础设施等因素的影响。

大数据技术就是整合看似杂乱、繁复的数据，提取出有价值的数据，进而提高信息流动的有效性。因此，大数据背景下数据的流动更具备方向性、目的性和关联性，它不仅提高了信息流动速度，还增益了信息流的价值。

2. 大数据的三大开发对象

在数据分析中，我们会接触到很多数据，数据根据结构可划分为三种：结构化数据、非结构化数据、半结构化数据。

结构化的数据是指可以使用关系型数据库表示和存储，表现为二维形式的数据。其一般特点是：数据以行为单位，一行数据表示一个实体的信息，每一行数据的属性是相同的。能够用数据或统一的结构加以表示，我们称为结构化数据，如数字、符号。传统的关系数据模型、行数据，存储于数据库，可用二维表结构表示。结构化数据的存储和排列是很有规律的，这对查询和修改等操作很有帮助。

所谓半结构化数据，就是介于完全结构化数据和完全无结构的数据之间的数据，XML、HTML 文档就属于半结构化数据。半结构化数据是结构化数据的一种形式，它并不具备关系型数据库或其他数据表的形式关联起来的数据模型结构的特征，但包含相关标记，用来分隔语义元素及对记录和字段进行分层。因此，它也被称为自描述的结构。半结构化数据属于同一类实体，但可以有不同的属性，即使它们被组合在一起，这些属性的顺序并不重要。半结构化数据一般是自描述的，数据的结构和内容混在一起，没有明显的区分。

非结构化数据，顾名思义，就是没有固定结构的数据。各种文档、图片、视频、音频等都属于非结构化数据。对于这类数据，我们一般直接整体进行存储，而且一般存储为二进制的数据格式。非结构化数据库是指其字段长度可变，并且每个字段的记录又可以由可重复或不可重复的子字段构成的数据库，其不仅可以处理结构化数据，而且更适合处理非结构化数据。

3. 结构化数据的挖掘

随着网络的日益普及和 Web 挖掘、结构化文档挖掘需求的增长，频繁模式的研究对象从最初的事务项集和序列，逐渐扩展到树和图等结构型数据。如何发现挖掘频繁子树图的高效算法，日益成为一个具有重要理论和实用价值的研究课题，其重要性反映在计算机网络、挖掘、生物信息学、生物化学、多维数据挖掘、电子图书馆、文档挖掘等应用领域。在这些应用领域中，很多方面都涉及频繁子树挖掘算法。例如，当用户面对一个新的数据集，他通常并不知道这个数据集的特点。提供这个数据集的子结构可以帮助用户理解这个数据集，从而为用户提供一个如何通过更为精确的查询来了解此数据集的方法。在网络多播路由中，为所有的群组独立地存储路由表时，并发多播群组的每个路由器需要大量的空间。解决这个问题的策略就是将此多播群组划分成多个小组，并为每个小组建立路由表。这里，不同多播群组的多播路由树中的频繁子树为如何形成一个分组提供依据。在生物化学中，具有树形结构的分子片段在活性分子中是频繁的，但在惰性分子中却是非频繁的。这些频繁出现的片段为化学家们提供了更深入的了解。在分类和聚类算法中的数据点可以标识成树，将频繁子树看成数据点的特征，这在标准的分类和聚类算法中是同样可以应用的。从某个网站的网页集合中，挖掘访问模式下用户的访问历史,可以用树来建模。频繁子树表征了用户在该网站的惯常访问模式。网站设计人员可以借此调整网站组织优化缓存设置。

结构化数据复杂的特点决定了对结构化数据库进行处理时要尽量减少候选子结构的生成,从而提高频繁子结构挖掘的效率。因此,在借鉴频繁项集和频繁序列挖掘经验的基础上,要充分考虑结构化数据的特点,采取有利于挖掘方法实施的数据结构表示方式,才能够大幅度提高挖掘的效率。目前,针对结构化数据不同的表示方式而开展的挖掘方法已经有了许多成果,并基于频繁结构挖掘问题展开了闭合频繁结构挖掘、结构化数据查询、结构化数据聚类等多方面的研究。同时,这些成果已经广泛运用于生物分子剖析、社会网络研究、查询分析等新兴的需求方面,并发挥了巨大的作用。

(四)加快向智能经济的演进

智能经济是数字经济的下一阶段,是以数据、算力、算法、网络为支撑,以智能技术创新为核心驱动力,推动智能技术与实体经济深度融合,实现智能技术产业化和产业智能化,支撑经济高质量发展的经济活动,可以分为以网络基础设施为核心的基础层、以场景拓展为手段的应用层和以智能技术赋能为目标的价值层。本书认为,智能产业化和产业智能化是智能经济形态体现的主要方式,主要内容可以分成三个方面:以云计算、大数据、物联网、人工智能、区块链等为核心的基础产业,以智能硬件、智能装备、机器人等为代表的核心产业,以及以智能制造、智慧物流、智慧城市等智能技术应用场景创新为核心的创新产业。

2017年7月,国务院印发并实施《新一代人工智能发展规划》,要求人工智能应当与社会经济发展深度融合,提升新一代人工智能科技创新能力,建设智能社会。[1]2019年政府工作报告提出"智能+"的概念,指出"智能+"应当为制造业转型升级赋能;同年3月,中央全面深化改革委员会第七次会议要求人工智能和实体经济深度融合,最终形成"数据驱动、人机协同、跨界融合、共创分享"的智能经济形态。

随着云计算、物联网、大数据等IT技术,以及人工智能、机器学习等智能技术的持续发展和深化应用,各行各业都在推动互联网、大数据、人工智能和实

---

[1] 《新一代人工智能发展规划》[J]. 科技导报, 2018, 36 (17): 113.

体经济深度融合。数字化转型将通过数字技术与工业技术的融合来推动产品设计、工艺、制造、测试、交付、运维全部环节的产品研制创新，通过数字技术与管理技术的融合推动计划、进度、经费、合同、人员、财务、资源、交付、服务和市场全链条的企业管理创新。数字孪生作为重要的支撑理论和技术由此得到更多关注与认可。

智能经济的出现，是人类社会的一场颠覆性变革。数字孪生具有虚实共生、高虚拟仿真、高实时交互和深度洞见等技术特性，其应用走向从工业领域延伸和拓展到其他领域，具体体现在以下方面。

数字孪生与物联网。对物理世界的全面感知是实现数字孪生的重要基础和前提。物联网通过射频识别、二维码、传感器等数据采集方式为物理世界的整体感知提供了技术支持。此外，物联网通过有线或无线网络为孪生数据的实时、可靠、高效传输提供了帮助。

数字孪生与"3R"（VR/AR/MR）。虚拟模型是数字孪生的核心部分，为物理实体提供多维度、多时空尺度的高保真数字化映射。实现可视化与虚实融合是虚拟模型真实呈现物理实体及增强物理实体功能的关键。VR/AR/MR 技术为此提供支持：VR 技术利用计算机图形学、细节渲染、动态环境建模等实现了虚拟模型对物理实体属性、行为、规则等方面细节的可视化动态逼真显示；AR 与 MR 技术利用实时数据采集、场景捕捉、实时跟踪及注册等实现虚拟模型与物理实体在时空上的同步与融合，通过虚拟模型增强物理实体在检测、验证及引导等方面的功能。

数字孪生与边缘计算。边缘计算技术可将部分从物理世界采集到的数据在边缘侧进行实时过滤、规约与处理，从而实现了用户本地的即时决策、快速响应与及时执行。结合云计算技术，复杂的孪生数据可被传送到云端进行进一步处理，从而实现了针对不同需求的云计算—边缘计算数据协同处理，进而提高数据处理效率、减少云端数据负荷、降低数据传输时延，为数字孪生的实时性提供保障。

数字孪生与人工智能。数字孪生凭借其准确、可靠、高保真的虚拟模型，多源、海量、可信的孪生数据，以及实时动态的虚实交互为用户提供仿真模拟、诊断预测、可视监控、优化控制等应用服务。AI 通过智能匹配最佳算法，无须数据专家的参与，可自动执行数据准备、分析、融合，从而对孪生数据进行深度知识挖掘，生成各类型服务。数字孪生有了 AI 的助力，可大幅提升数据的价值及各项服务的响应能力和服务准确性。

（五）智能经济助力高效的数字经济

在未来智能经济时代，数字经济依然持续发展，并分为人工智能数字世界、人类数字世界、人工智能物理世界、人类物理世界四大领域。有了人工智能的巨大推动力，人类经济与财富总量将呈现指数级分裂式增长。在数字经济充分发展的领域，人类开始培育具有重大引领、带动作用的人工智能产业，促进智能经济与数字经济深度融合，形成数据驱动、人机协同、跨界融合、共创分享的数字经济升级形态。数据和知识成为经济增长的第一要素，人机协同成为主流生产和服务方式，跨界融合成为重要经济模式，共创分享成为经济生态基本特征，个性化需求与定制成为消费新潮流，生产率大幅提升，引领产业向价值链高端迈进，全面提升经济发展质量和效益。

智能经济对于数字经济的促进主要体现在人工智能发展较好的行业反作用于数字经济的基础设施建设，使其更加智能高效。

第一，人工智能促进非结构化数据结构化。非结构化数据占比较大，特别是对论文、图片、标准文档、专利文档、项目文档、网页文章、视频、声音文件这些非结构化数据的充分利用，其价值比结构化数据的价值更高。这些数据以信息或知识的形态存在，但这些数据的利用率很低。在数字经济时代，人们由于技术限制很难对非结构化数据加以充分利用；人工智能时代，人们可以通过智能分析工具对非结构化数据结构化，进而从非结构化数据中按照一定的规则和主题提取出有价值的数据。可以说，人工智能会加速非结构化数据的结构化，并对结构化数据进行智能分析。

第二，人工智能促进网络的智能化。通信网、互联网本身是数字经济的基础设施，同时也是数字经济领域发展最快、最好的领域。在通信网络建设规划阶段，人工智能的应用可以通过神经网络分析方法预估用户量、话务量、带宽。人工智能应用到网络运维中可以帮助运维人员快速定位故障源，提高运维效率。在广域网领域，网络安全威胁每时每刻都在发生，且每次都有新的威胁出现，人工智能应用通过机器学习，特别是深度学习方法，采用无监督学习与监督学习结合的方式可大大提高主动防御能力。人工智能能够实时对网络流量、网络异常、用户行为等进行主动分析,形成回归(预测)、分类、聚类、推荐等一套系统性的分析算法。

第三,人工智能促进数字孪生的实时生成。在数字经济时代,通过车载摄像头扫描的形式可以扫描街景并与数字地图绑定,实现地图静态图景的孪生化。在人工智能时代,所有带有实景采集的人工智能设备都可以通过实时的数据采集呈现实时的、动态的室内外的数字孪生世界。动态的数字孪生地图可以服务于无人驾驶、AI物流车、公共交通工具等。

第三节 中国发展数字经济的意义与挑战

一、我国发展数字经济的意义

数字经济的迅猛发展深刻地改变了人们生活、工作和学习的方式,并在传统媒体、商务、公共关系、电影电视、出版、娱乐等众多领域引发深刻变革。发展数字经济正成为信息时代的最强音,对中国而言更具有特殊意义。随着全球信息化步入全面渗透、跨界融合、加速创新、引领发展的新阶段,我国也借势深度布局、大力推动数字经济的发展,从而使其逐渐成为整体经济创新发展的强大引擎,并为全球经济复苏和优化发展提供借鉴和启发。数字经济是在计算机、互联网、通信技术等新一轮信息革命的基础上发展起来的,因此也被称为信息经济。对于正处在整体经济转型升级关键期的中国经济而言,发展数字经济显然具有十分重要的特殊意义,有利于推动新常态下我国经济发展和创新战略的落地。

(一)经济新常态需要发展新引擎

中国经济经过30多年的高速增长,已经逐渐步入增速放缓、结构升级、动力转化的新常态阶段,整体发展环境、条件和诉求都发生了深刻改变。因此,如何认识、适应和引领新常态,打造经济发展新动能,便成为我国实现经济跨越式发展的根本议题,特别是要化解经济新常态下"中等收入陷阱"这一最大风险,必然离不开发展引擎的转变。

(二)推动社会生产生活方式变革

当前愈演愈烈的信息革命为我国打造新动能、跨越曾经普遍困扰各国经济发展的"中等收入陷阱"提供了历史性机遇。从人类社会的发展历史来看，每一次产业革命都将实现社会生产力的巨大提升：农业革命推动人类的生存方式从采集捕猎转为种植畜养，大大增强了人们的生存能力，使社会从野蛮、蒙昧时代进入文明时代；工业革命推动家庭作坊式的手工生产形态走向规模化的机器大生产，极大地提升了人类社会的生产能力，改变了以往的物质匮乏状况。同样，以计算机、互联网、通信等先进技术为代表的信息革命推动了社会生产生活方式的数字化、网络化、信息化、智能化。数字化工具、数字化生产、数字化产品等数字经济形态快速崛起，为新常态下我国经济发展提供了新动能。

（三）保障国家战略的制定与实施

当前，欧美等发达国家都将发展数字经济提升到国家战略高度，如美国的工业互联网、德国的"工业4.0"、日本的机器人新战略、欧盟地区的数字经济战略等。面对新一轮互联网信息化革命浪潮，我国政府也根据基本国情和整体需要，提出"网络强国"的发展战略，积极推进"数字中国"建设，从而使得数字经济上升到国家战略层面，成为新常态下经济结构转型升级和跃迁式发展的新动能。

（四）数字经济发展前景无限广阔

基于互联网信息革命发展起来的数字经济不仅深度释放了原有的社会生产力，也创造出了更具价值的全新的生产力。数字经济的快速崛起和发展，大大提高了现代经济效益，推动了经济结构的转型升级，成为全球经济走向复苏与繁荣的重要驱动力量。2008年之后，数字经济在全球整体经济发展疲软的大背景下逆势而上，呈现出巨大的发展活力，大数据、云计算、物联网、移动互联网、智能机器人、3D打印、无人驾驶、VR/AR等各种信息技术创新与应用不断涌现，在颠覆重塑诸多传统产业的同时，也不断创造出新的产业、业态与模式。更令人充满期待的是，数字经济的发展其实才刚刚开始，当前所处的发展阶段其实只相当于工业革命中的蒸汽机时代。

二、我国在数字经济发展中面临的挑战

近十年来我国数字经济发展势头迅猛。2020年新冠疫情来袭，在线办公、视频会议、网上授课等无接触经济蓬勃发展，有效对冲了经济下行风险，加速了企

业的数字化战略布局。一项针对全球 2569 家企业的调研发现，本次疫情将全球的数字化进程至少提前了 5~7 年。[①]

伴随着技术进步和商业模式的创新，数字经济推动劳动生产效率提升，可以一定程度上抵消劳动年龄人口下滑的影响。同时，随着远程沟通成本的下降，部分服务无须面对面接触也可以实现，服务业可贸易程度提高，进而促进服务跨区或跨境发展，这对未来的经济发展模式和经济结构具有重要含义。但是，不可否认的是数字经济的快速发展也导致了一些社会问题的产生，使我国数字经济发展面临严峻的挑战。

（一）形成垄断

数据是数字经济时代的核心生产要素，数据的采集、加工与使用具有明显的规模经济与网络经济性，低甚至零边际成本意味着创新创业的门槛较低，但先发企业能够凭借自我增强的大数据优势来实现与固化垄断地位。

现实中哪些数字经济企业是"好"的垄断，哪些是"不好"的垄断，并没有那么分明——它们很可能在开始阶段是"好"的垄断，与创新紧密联系，但发展到一定规模后，往往会利用知识产权、网络效应等构建竞争壁垒，寻求垄断租金，这就有可能阻碍竞争。

因此，判断数字经济是否出现"垄断"，还需要用动态的眼光看待。按照熊彼特的创新理论进行分析，垄断和创新有天然的联系，没有垄断的超额收益，就不会有那么大的创新动力。科技公司创新失败的可能性很大，因此需要风险溢价的补偿来吸引创新。超额收益既来自垄断租金，也来自整体市场要求的风险补偿。

从历史经验来看，巨型科技公司的垄断似乎符合上述动态的特征。比如 20 世纪 90 年代，雅虎搜索引擎一家独大，几乎占领了所有的搜索市场，但在谷歌推出搜索引擎后，雅虎的搜索业务很快就被性能更优异的谷歌搜索所替代。如果监管层一开始就强力监管雅虎的搜索业务，限制其盈利，可能谷歌也没有动力推出更好的搜索引擎。类似例子在中国也不鲜见，电商平台京东与阿里尽管构建了很高的行业壁垒，但无法阻止拼多多的快速崛起，同样爱奇艺、优酷也没有办法阻止抖音成为世界级的流行应用。

---

① 李拯. 数字经济浪潮 [M]. 北京：人民出版社，2020.

（二）贫富分化

历史上，从两百年前的李嘉图到一百年前的凯恩斯，经济学家一直都担心机器替代人。经济学里有个专有名词叫"技术性失业"，即技术进步所导致的失业。这种担心贯穿于历史，一直存在争议。

当下我们如何来看待这个问题呢？这次新冠疫情下数字经济的快速发展带给我们一个重要启示是，机器可以赋能人，也可以替代人。机器对人的赋能，体现在很多领域。例如餐饮外卖行业，数字技术、智能手机、GPS定位等技术支持，有效提高了外卖员的配送效率；远程教育、远程办公、远程医疗等无接触经济，并没有替代老师、白领工人和医生，而是对他们进行了赋能。数字技术使得我们在社交隔离的情况下维持一定的经济活动，它和人是互补的。当然机器也可以替代人，比如无人物流、无人驾驶等。

数字经济在中美两国替代人和赋能人的程度并不一样，这跟中美的禀赋差异相关。美国数字经济的发展，更多的是机器替代人，通过资本深化替代就业。中国数字经济的发展，更多的是机器和劳动力互补，对劳动力是友好的。美国的劳动力替代型数字经济体现为常规性、简单重复的工作，比如制造业流水线作业，甚至有些复杂性工作也能够被机器替代。中国的劳动力互补型数字经济则体现在一些非常规的服务上，比如说外卖、送货员、专车司机、视频主播等。

不过，虽然现阶段数字经济在中国的发展有劳动友好型的一面，但中国也难以避免数字经济加大收入分配差距的共性的一面，数字技术使得明星企业和个人可以用低成本服务大市场，少数个体实现赢者通吃。

美国有学术研究显示，过去40年劳动者之间收入差距的扩大，主要反映在（同一行业内）受雇企业之间的差别，而不是职业之间的差别。这背后一个重要的相关问题是数据产权没有明确界定，相关企业对大数据资源免费地、排他性地占有，实际上是独占了关键资源的垄断租金。如何界定大数据产权归属？对于这种垄断租金，应该采取管制方式还是征税方式？如果征税，如何确定税基、税率？数字经济越壮大，这些问题越不容忽视。

与此同时，数字经济也丰富了应对贫富分化的政策工具：数字移民和数字货币。解决区域发展不平衡的传统办法通常是劳动力转移，或者产业转移。数字经济创造了一个新思路，即"数字转移"。例如：大企业将客服中心布局在欠发达地区，劳动力无须转移就可以享受发达地区的辐射带动，可以看作是"数字移民"；数字新基建催生了网络直播、云旅游等方式，将欠发达地区的风土人情、青山绿水等特色资源"运输"到发达地区，"产业数字化转移"增加了当地百姓的收入。数字货币方面，中国人民银行数字货币重点在于发展电子支付手段，但从长远看，数字货币的发展可能对现有金融体系产生颠覆性影响，促进普惠金融发展、降低金融的顺周期性，帮助结构性导向的财政政策更有效发挥作用，更好地平衡效率与公平的关系。

（三）数字鸿沟

数字鸿沟是指信息技术发展的过程中，由于数字化进程不一致导致的国与国、地区与地区、产业与产业、社会阶层与社会阶层之间在基础设施、居民数字素养以及数字信息内容公开程度上的差异。

近年来，尽管中国宽带普及率在不断提高，网民数量也在逐年增长，但城乡之间以及东西部之间的数字鸿沟仍在加剧。伴随着ICT基础设施建设的不平衡，中部和西部居民的数字素养与发达地区相比也存在显著差异。"数字素养"是指获取、理解与整合数字信息的能力，具体包括网络搜索、超文本阅读、数字信息批判与整合能力，可以简单地总结为从数字信息中获取价值的能力。在数字时代，数字素养已经成为各行各业对劳动力的一项基本素质需求，加强数字化教育、提升国民数字素养是中国成为数字强国的重要环节。

此外，数字信息内容公开程度也是造成数字鸿沟的一大原因。数据及信息开放程度的落后将直接造成民众和企业在获取及应用信息上的困难，进一步延缓数字进程，影响数字经济的发展。

（四）数据质量

在数据成为核心资源的今天，数据质量直接关系着社会各方对资源的利用效率。ISO9000质量管理体系将数据质量定义为"数据的一组固有属性满足数据消费者要求的程度"[①]。数据的固有属性包括真实性、及时性、相关性，即数据能否真实反映客观世界、数据是否更新及时以及数据是不是消费者关注和需要的。同时，高质量的数据还需要是完整无遗漏、无非法访问风险以及能够被理解和解释的。

---

① 段立新，凌鸣，张晓宏. 基于大数据的苏州数字经济[M]. 苏州：苏州大学出版社，2017.

影响数据质量的原因有很多，比如数据的多源性。当一个数据有多个来源时，很难保证值的一致性，以及更新的同步性。另一个影响数据质量的原因是复杂数据的表示方式不统一，标准不明确。随着大数据的发展，每天都会产生大量多维度异构数据，如何对复杂数据进行统一编码，方便数据之间的兼容与融合，还有待进一步探索。

（五）治理困难

数字经济快速发展，对国内和国际的数字治理也带来了新挑战。

国内层面，面临个人数据采集和隐私保护的问题。当人们安装手机应用时，应用客户端通常会弹出一个征求"同意"的条款声明，这些条款往往冗长难懂、字体细小，却都包含着数据使用的授权协议，而用户除了点击"同意"别无他法。当人们使用手机时，个人数据就会被源源不断地上传到相关应用的服务器上。虽然很多人意识到私人数据被采集，但对于哪些数据被采集，以及这些数据被如何使用却一无所知。数据采集和使用的"黑箱"，让民众在防范隐私泄露方面极为被动。

数字经济时代，公权力介入数据监管以及隐私保护已是大势所趋。事实上，备受关注的《个人信息保护法》已于 2020 年 10 月由全国人大常委会法工委公布草案并向全社会公开征求意见。随着数字经济的发展，隐私保护将会持续成为公共治理的一个重要议题。从公平角度看，立法保护隐私数据是必要的；从效率角度看，隐私保护的关键可能在于度，甚至需要设计状态依存的保护制度。

此外，在国际层面，未来可能在服务贸易、国际征税以及数据主权和安全等领域出现新的国际冲突风险。

服务贸易冲突容易理解，就像制造业贸易量扩大后会产生国际摩擦，服务贸易量扩大也可能带来纠纷，中国需要积极参与并适应数字经济时代的国际贸易规则的变革。

税收方面，针对数字经济绕开现行征税准则的逃、避税问题，国际上讨论比较多的替代性方案是基于用户征税，这需要进行国际协调以确定各国所属的应税税基。在世界大变局背景下，国际协调难度正在变大，更大的国际冲突风险可能来自国家安全或者数据主权问题。美国和印度近期对中国平台企业的不友好做法，固然存在政治，层面的原因，但也反映了一个问题：大数据归属是否涉及主权甚至是国家安全问题？中国在《中国禁止出口限制出口技术目录》中新增"基于数据分析的个性化信息推送服务技术"，似乎也印证了大数据及相关技术对于国家安全的重要性。

（六）法律法规

目前，相关法律法规滞后是数字经济发展面临的一大挑战。比如，伴随数字经济的发展，全球大量定时定点的工作岗位会逐渐消失，新涌现出大批兼职职业者、自我雇佣者等灵活就业岗位，而现有的劳动合同法、社会保险法、社会保险费征缴暂行条例等法律法规不能给灵活就业者提供有效的社会保障。

数字知识产权的保护也需要引起重视。英国《数字经济 2010》就着重强调了对数字产品，如音乐、媒体、游戏等内容的著作权进行规范与保护。此外，数据产权问题也日益凸显，数据由谁保管、如何处理与应用以及如何进行交易，所有者、拥有者、使用者和管理者之间的责、权、利的划分，也缺少相关法律的明确规定。

此外，一些管理制度的落后与僵化，与数字经济去中心化跨区域、跨行业、灵活多变的特质相冲突，制约了数字经济的发展。阿里巴巴集团副总裁、阿里研究院院长高红冰在"2017中国信息经济＋金融科技发展大会"上提出，"美国是数字经济强国，中国是数字经济应用大国"。他表示："未来五年，全球数字经济发展将呈现三个层次：第一，硅谷仍将引领核心技术创新，以色列会在个别领域紧跟美国；第二，中国、印度会是技术创新大规模应用的市场；第三，新技术和商业模式的应用需要硬件设备的支持，日、韩以及中国台湾地区华南地区将起到重要作用。"他呼吁，"对于互联网这种新事物，应该更多地包容，而不是限制或者强化监管。面向未来、面向全球，中国要成为领头羊，需要更加开放，多方协作，共创互联网更好的明天"。[1]

---

[1] 李瑞.数字经济建设与发展研究[M].中国原子能出版传媒有限公司，2022.

第二章　互联网时代数字经济的发展模式

本章为互联网时代数字经济的发展模式，主要讲述了互联网时代数字经济与区块链、互联网时代数字经济与 5G 技术、互联网时代数字经济与人工智能和云计算等方面的内容。

第一节　互联网时代数字经济与区块链

一、区块链是数字经济发展的关键技术

区块链技术在我国数字经济发展中发挥了重要作用，主要表现在以下几个方面。

第一，区块链是奠定我国数字经济发展基础的关键技术。数字经济价值在于将传统固化于"点"的价值转变为"链网"价值，这意味着在数字世界实现价值传递非常重要。互联网可以做到信息互通却无法传递价值；而区块链能够对数据的所有权进行确权，解决了物理世界物品唯一性和数字世界中复制边际成本为零的矛盾，实现了物理世界物品到数字世界的唯一映射，基于此，价值得以顺利传递和转移。基于数字资产的可信流转，区块链技术未来将从以信用为核心的产业渗透扩张开，形成覆盖各类产业的"区块链+"新业态，实现对数字经济的全方位赋能。

第二，区块链是促进产业生态融合创新的重要纽带。经济数字化转型，不仅是将各类经济主体活动迁移到数字世界，其本质在于通过数字世界实现不同主体间数据的联结和共享，从而打通物理世界隔阂，创建互联互通的经济体系。如果没有分布式共识技术，经济的数字化转型很可能只能局限在有限个体的有限内部，导致数字化的价值无法充分释放。区块链将为产业链上下游等各类主体间进行生

产协同、信息共享、资源整合、柔性管理提供保障,从而促成经济数字化转型中最大限度的合作与共创,逐步实现分布式的、无边界的资源配置模式和生产方式,带动经济发展降本增效,并极大促进跨界创新的产生。

第三,区块链是打造可信数字化商业模式的坚强保障。商业和公共服务的数字化转型正在为我国居民提供更加便利的数字生活体验和数字服务体系,然而在迅猛发展的消费互联网背后,依然存在着很多亟待解决的问题和危机,例如电商零售商品及餐饮食品的质量安全问题、医疗数据上线的隐私问题、数字家政产业中的资信审查问题等。区块链技术可追溯、不易篡改的特征,将大大降低商业模式创新过程中产生的各类风险,消除居民数字化生活中存在的安全隐患;同时基于其信任体系保障,生活数字化转型的领域和场景才能不断扩大,为民众创造更多数字化生活福利。

第四,区块链是实现数字经济高效治理的底层基座。复杂多样的经济活动与商业模式创新,以及突发公共灾害等不确定性事件的发生,对政府的协调、决策和应急响应能力提出了重大挑战。区块链分布式共识技术特点有利于促使治理相关方进行数据共享和流通,将分散且滞后的信息系统化、实时化,进而全面提升政府的管理服务、统筹协调能力,不仅实现"一网通办",更能够联合多方力量增强政府在各领域的精益管理能力。同时,基于区块链智能合约可以实现多人同时报送、多方全局确认的新模式,有利于建立公开透明、参与度高的社会监管体系,增强民众对于政府治理的信任度和美誉度,提升政府公信力。

第五,区块链是引领我国数字技术突破创新的重要力量。区块链是信息科学领域的新兴交叉学科,当前我国在这一新赛道处于国际领先位置,有充分资格争取该领域规则制定权。例如,我国上海树图区块链研究院凭借自主研发的Conflux树图公有区块链成了区块链技术领域的全球领跑者,被电气与电子工程师协会(IEEE)授权作为《区块链系统应用接口规范》国际标准制订工作组主席机构,主导该项标准的制定工作。区块链技术完全有基础也有能力成为中国科技自立自强的重要支撑,以及我国发力原始创新在第四次工业革命的浪潮中实现超越式发展的重要支柱力量。

二、区块链+电商，构建消费新趋势

现如今电商发展得如火如荼，各种促销活动让消费者应接不暇。然而，万事万物都处在变化之中。未来的电商会有什么样的变化，区块链的出现又会给电商领域带来怎样的变革呢？在电商最初的发展阶段，实际上交易中每一个人彼此都是不信任的，比如卖家担心发货后买家会不会付款，买家担心付款后能不能收到货，收到的货是不是预期中要买的，诸如此类。所以电商平台，如淘宝，即以第三方平台的身份在买方与卖方之间建立了一个中心化的信息平台和交易平台，提供了一个买卖双方共同的信用机制。而区块链与传统电商中心化平台的信用机制不同，它的信用机制是分布式的。分布式的思想，其实在生活中已经有所体现，以在微信群中抢红包为例。在一个微信群发出一个红包，群内成员抢红包手快有手慢无。而抢红包的机制，就是基于分布式账本，一方面是时间戳，每次抢到红包的时间戳都有公开透明的记录，另一方面是分布式账本任何人都无法篡改，数据真实可信，能实现所有用户达成共识。抢红包这个简单的功能，虽没有用到区块链技术，但实质上淋漓尽致地体现了分布式账本的思想。因此，区块链与电商的结合，打破了传统电商以大平台作保障的信用机制，将有可能创造出一种新的分布式账本，一种全新的信任机制。电子商务平台这个名称，可能也要发生变化，变成数字商务平台。在数字商务平台上，产品信息、交易信息将全程数字化。在区块链技术带来的数字经济 3.0 模式下，电商的全面性提升，将不是一个简简单单的升级，而会是一个颠覆式的变革。

目前，区块链与电商的结合将可预见地分为两个阶段。

第一个阶段是电商平台+区块链。在这一阶段中，电商主要进行产品上链的操作，基于区块链分布式存储的原理，把信任机制通过数据库的方式，共享给每一个节点，从而建立起陌生人之间的信任关系，实现从产品的生产源头，到仓储、物流、销售等每一个环节的数据共享。相比传统电商中心化的方式，这仅仅是一个初步的应用。

第二个阶段的发展是区块链+。+区块链是把区块链当成工具，利用它的一些技术特点；区块链+则是运用区块链的思想和方法。区块链的核心优势包括分布式存储、智能合约、共识机制等，对传统电商进行提升、改造、转型、创新都会带来很大的变化。

在电商行业的应用中，区块链目前能够较快落地的是产品溯源领域，现有项目已经涉足农产品、艺术品、工艺品、高价值产品等产品的溯源。一件产品从生产到运输，到仓储，到销售，包括快递物流，都可以通过区块链技术提供可信的存证，进而增加产品数据信息的有效性和可信度。产品生命周期中的全部环节都留有完整且不可篡改的区块链存证，一方面提高了产品的公信力，另一方面也提高了它的防伪能力。对于电商平台而言，运营成本降低了，运营效率大幅提升，将有利于展示自身技术优势，树立品牌形象。对于用户来讲，用户的使用体验感提升了，会有更大的消费意愿。应用于产品溯源只是其中一方面，之后将扩展为身份溯源、交易溯源和金融溯源。随着这些可信的全流程数据的积累，供应链金融服务，还有征信服务，都可以配套更新。在这样的良性发展下，整个电商领域将成为一个可信的数字社会。

有区块链的助力，电商在以下几个方面都会有颠覆性的变革。

首先是安全性能的提升。安全永远是最重要的。在整个电商领域，过去在互联网时代，安全是通过硬件加密的方式实现的，主要基于芯片解决。在区块链时代，原先的硬加密方式加上区块链的密码学技术，又进一步地保证了安全。一方面是区块链平台本身的技术框架采用分布式存储，不会像中心化平台一样发生单点瘫痪全局崩溃的问题，保证了数据的安全性。另一方面，区块链的共识机制确保了数据本身的真实可信。还有一点，从用户的角度来看，基于区块链的数字身份可以极好地保护用户的隐私。数字身份，是指每个可以产生数据的主体，将持有一个非对称加密算法的私钥，凭私钥来证明身份。比如用户在某电商网站上登录账号，只要电商网站能用公钥验证出用户的数字身份，用户就不需要输入密码。这样即使某个网站被攻破，攻击者也拿不到用户的密码或账号信息，从而保护了用户的隐私安全。此外，用户也可以授权指定人获得查看本人数据的权利，把授权数据给谁看的权利留给用户自己。所以区块链不论是从技术角度，还是从管理角度，都能为电商提供安全的保障机制。

其次是治理结构的改变。在传统电子商务中，双方是通过一个中心化的商务平台聚合在一起，这是一个中心化的信用治理体系。买卖双方只能寄托于中心机构自己不作恶，但其实平台有能力也有条件作恶。而区块链带来的数字商务，是多中心化的或者是多方共建的数字信用体系，治理模式将发生根本上的变化。区块链的可追溯特性决定了产品在出现问题时，能迅速找到问题源头，避免事态恶化。进而，基于区块链可以建立分布式信用激励体系和奖惩体系。在传统治理体系中，中心化平台的作恶成本可能很低，但在分布式治理体系中，市场透明，会大幅度提高作恶的成本。所以电子商务和数字商务的最大差别在于电子商务经营交易的是信息，平台追求垄断式或者寡头式经营，在流量经济中，以流量多者胜，因此很难保证信息安全，毕竟与利益相冲突；但是在数字经济3.0时代，数字商务是分布式商业的模式，平台不再靠买卖信息盈利，而是提供服务，流通价值，谁能有效地保护好信息，谁的信用价值就高，从而带来金融上的回报，保证信息安全与利益是一致的。

区块链还会为电商带来支付方式的变革。支付是金融的一项核心业务。在电子商务中，第三方支付是保证交易进行的支付平台、买卖方之间的中介，为了信用保障，支付过程中存在资金沉淀期，还会收取交易服务费，这些都影响了卖家的资金使用。而区块链中的支付，采用点对点的支付方式，可以做到"支付即清算"，大大缩短支付流程。此外，在银行体系不完善的一些国家中，区块链可以充当很好的信用保证。在跨境支付中，区块链也能大大降低信用成本和支付成本，促进资金安全快速地流通。

三、去中心化的可信数字身份CID——微位科技

身份的识别和认证，是一切商业合作的起点和信任的基石。随着数字世界的不断演化，数字身份的重要性不言而喻。据麦肯锡测算，数字身份将在未来十年促进全球GDP增长3%~13%。由于互联网早期缺乏对数字身份的统一认识和规划，目前数字身份在应用模式上存在着种种不足，主要体现为以下三个方面。

第一，数字身份无统一标准和协议，跨应用和服务使用存在障碍。传统互联网发展以中心化服务为主，各应用之间互为孤岛，个人身份有赖于不同的中心化服务供应商提供。用户不得不在各种以服务方为主体的封闭系统下注册登记并持续维护自己的身份信息，身份的使用低效且容易出错。身份所有者希望能够在任何需要的地方使用他们的身份数据，而不被绑定到单个提供者。

第二，数字身份的自主性得不到保障。关于数字身份的归属权存在一定争议，大部分中心化服务供应商将用户数据视为其数据资产，因此存在如下风险：在用

户未授权的情况下冒用、篡改以及取消用户对于其数字身份的使用权。身份所有者迫切需要了解谁出于什么目的，被许可查看和访问他们的数据。

第三，数字身份的隐私安全问题。首先，数字身份和个人隐私存在高度相关性。其次，随着 Web2.0 的高度发展，资金、数据、流量资源被大型科技巨头高度垄断，个人身份数据也趋向于集中。当海量的个人隐私数据缺少了用户参与的隐私保护，由此导致的网络犯罪和隐私泄露问题也越发严重，与互联网巨头相关的个人隐私数据泄漏问题频频见诸报端。从另一角度来说，各个服务商对隐私安全的重视程度和管控能力不一，各自的道德标准不同，当用户将数字身份委托给这些服务商时，个人的隐私安全也得不到标准统一的有效保障。

解决上述种种问题的一个思路是，使用户对数字身份真正拥有自主权，让用户可以自主创建并持有一个数字身份，并可自主选择向何方提供、以何种力度提供、何时提供，并可随时收回授权。为了达到这个目标，数字身份须打破单一组织或联盟组织控制的中心化封闭环境，而置于开放的标准、技术组件以及分布式环境中。去中心化的公钥基础设施（DPKI）与分布式账本技术（DLT）是使此目标成为可能的技术突破，它使多个机构、组织和政府能够通过像互联网一样交互的分布式网络一起工作，身份数据在多个位置复制，以抵御故障和篡改，并且将使用权完全置于用户密钥保护之下。分布式账本技术已经存在并发展了一段时间，其在分布式和安全性方面的能力已经得到实证，当它与公钥基础设施、匿名凭证技术相结合时，分布式自主权数字身份的技术实现成为可能。

微位科技基于去中心化架构设计的原则，打造了 CID（Crypto IDChain）联盟链，是区块链构建去中心化的认证联盟，旨在连接数字身份的数据孤岛。遵循 W3CDID（分散式标识符）规范，CID 实现声明管理和基于可验证声明模型的工作流程：可验证声明由身份背书方（声明发行方）根据身份所有人请求进行签署发布，身份所有者将可验证声明以加密方式保存，并在需要的时候自主提交给身份依赖方（声明验证方）进行验证；身份依赖方（声明验证方）在无须对接身份背书方的情况下，通过检索身份注册表，即可确认声明与提交者之间的所属关系，并验证身份持有人属性声明的真实来源。CID 将身份标识符的生成、维护，与身份属性声明的生成、存储、使用分离开来，有助于构建一个模块化的、灵活的、具有竞争力的身份服务生态系统。

CID 率先在通信行业进行了深入的应用。由新华网、中国电信、中国联通、腾讯、360 等发起的可信号码信息服务联盟中，微位科技通过 CID 平台实现了千万级电话号码白名单的安全确权共享。CID 很好地支持了以电话号码作为现实世界 ID 到数字世界加密身份的纽带，成为一套面向企业开放的、可信的"商业/社会"身份认证系统，服务了包括顺丰、平安科技、政府部门等 50 余万家企业和单位，为百万级商用电话号码提供了可信身份认证和验证。

在 CID 和身份认证联盟链的基础上，微位科技提供了来电名片、号百名片盒、企业智能名片、商业身份小程序、沃名片等去中心化应用程序，以及增值的 BI 商业情报服务。

第二节　互联网时代数字经济与 5G 技术

一、5G 重塑互联网的发展

计算机解决"人的信息"的数字化问题，互联网解决这些信息的互联互通。随着计算机和互联网的发展，人类各种信息处理和计算的成本被极大地降低，在很多领域计算机的计算能力优于人脑，互联网将这些信息以极低的成本在全球范围内进行传播。在这个过程中，很多虚拟事物被创造出来，如游戏、搜索、视频、网络文学……各种各样创新的内容层出不穷。不过现在人们认为计算机与互联网的增长遇到了瓶颈，进入了下半场。在上半场，"人的信息"已经被极大地激发和创造，极有可能会遇到天花板。在下半场，计算机和互联网的主要任务是解决"物的信息"的数字化和互联互通问题，而这也正是 5G 的目标之一。

随着智能手机的广泛应用，相信大家对 2G、3G、4G 网络并不陌生。然而，对于什么是 2G、3G、4G 网络，很多人可能认为只是上网速度有差异。其实，从个人用户的角度来说，上述理解无可厚非。G 指的是 Generation，也就是"代"的意思。1G 到 5G 的定义的差别，主要是从速率、业务类型、传输时延，还有各种切换成功率等角度所给出的具体实现的技术有所不同。所以 1G 就是第一代移动通信系统，2G、3G、4G、5G 就分别指第二、三、四、五代移动通信系统，而这也确实是人为划分的。要知道，在以前，虽然大家总是言之凿凿地大谈 2G、

3G、4G，但是这些叫法都只是在民间流传的简化叫法，以及商人市场宣传的口号。官方将其称作 GSM、WCDMA、LTE 等，晦涩难懂，与这一串名称相伴的，是通信界那段混乱不堪的群雄逐鹿史。

1G 通信技术，可谓处于开天辟地的时代，各路英雄纷纷登场，百家争鸣，八仙过海、各显神通，通信标准自然也是五花八门。例如，北欧移动电话系统（NMT）曾在挪威、瑞典、荷兰、俄罗斯等国使用，AMPS 曾在美国及澳大利亚等地使用，TACS 曾经在英国使用，C450 曾在德国、葡萄牙及南非等地使用，除此之外，还有法国的 RadioCom 2000、意大利的 RTMI、日本的 TZ-801 等。

其实我们不必在意 1G 时代这些拗口的缩写到底代表了什么，只需知道这些技术作为开天辟地的先驱，值得我们尊敬。这些先驱为移动通信植入了蜂窝通信的基因，即使到了 5G 时代也依然在传承。然而，这些通信标准各自为政，没法互通，费用昂贵，当时的手机自然是只有有钱人才用得起，远未飞入寻常百姓家，再加上 1G 时代的模拟通信在技术上也确实不占优势，于是 2G 时代很快来临。

1991 年，2G 通信技术在欧洲开始商用，而我国 1995 年才正式开通 2G 网络，比欧洲晚了 4 年。有了 1G 的经验，大家都意识到像 1G 时代那样混乱的局面行不通，通信还是需要遵守相同的标准，彼此互通对大家都有利，成本也最低。基于这样的共识，欧洲联合起来组成了欧洲电信标准化协会（ETSI），形成了 2G 标准，即全球移动通信系统（GSM），这个标准的名字起得确实够大气，事实也是如此，后来 GSM 席卷了全世界，现在仍与 3G 和 4G 共存，果真是生命力顽强。

与此同时，美国高通公司主导的码分多址（CDMA）技术和 cdmaOne 标准（也简称 CDMA），成为 2G 标准中在全球范围内抗衡 GSM 的最强力量。CDMA 技术确实是开创性的伟大发明，虽然在 2G 时代未能取得优势，却在后来的 3G 时代大放异彩。作为全球通信技术重要的策源地之一，日本总是独树一帜，日本发明了个人数字蜂窝电话（PDC）的技术。虽然在技术上，PDC 没有 GSM 和 CDMA 那么强大，但也算是在日本普及开来了，最高峰时期曾经有近 8000 万的用户。

从 1G 时代的百家争鸣，到 2G 时代的三足鼎立，地球也逐渐变成了"地球村"，各标准组织之间有竞争，但合作与融合逐渐成为主题。3G 通信技术迎来的是个融合和竞争并存的时代。1998 年，在全球 7 个区域标准制定组织合作的基础上，一个新的标准化组织 3GPP 成立，它把制定 GSM 演进的下一代移动通信标准（也就是3G）作为目标，WCDMA技术由此诞生。那么，另一大2G标准cdmaOne该怎么发展演进到3G呢？高通肯定不允许自己在CDMA技术上的话语权旁落。于是在此需求之上聚集了一帮伙伴，3GPP2组织应运而生，目标就是制订cdmaOne到3G的演进标准，CDMA2000标准也由此诞生。

与此同时，中国在这个阶段迎头赶上，制订了自己主导的通信标准。经过各种努力，最终大家熟知的TD-SCDMA技术于2000年5月被国际电信联盟认定为3G标准之一，提案也被3GPP接纳。就这样，在3G时代，移动通信标准依然是三足鼎立。WCDMA使用范围相对最广，CDMA2000主要在美国使用，TD-SCDMA主要在中国使用。3G依然是这三种技术的民间统称，并不适合作为某个标准官方名称而存在。

随着人民日益增长的流量需求和网速之间的矛盾不断升级，国际电信联盟发出言论：我们需要下一代通信技术了，并且峰值速率要达到吉比特每秒（Gbps）！于是3GPP和3GPP2这对孪生兄弟又都拿出了自己阵营的下一代技术。与此同时，另一个狠角色电气与电子工程师协会（IEEE）也加入战局，试图分得一杯羹。

因此在4G通信技术的候选名单上，存在3GPP的LTE（Long Term Evolution）、3GPP2的UMB（Ultra Mobile Broadband），还有IEEE的wiMAX（Worldwide Interoperability for Microwave Access），虽然这三种技术的最初版本都还达不到国际电信联盟4G的要求，但并不妨碍它们在技术上的激烈角逐。

经过时间的检验，由于业界对UMB技术的支持者寥寥，UMB技术率先宣告流产。WiMAX由于自身的缺陷，虽然也有少量的运营商支持，但也难挽颓势。最终，曾经力挺WiMAX的芯片厂家英特尔也被迫放弃WiMAX技术，WiMAX的发展进入死胡同，日渐凋零。LTE此时在通往4G的道路上，已是一骑绝尘。

5G通信技术终究是来了。不过，在5G的标准化上3GPP一家独大，这次全球高度统一，再也没有其他组织能扛起5G的大旗了。因此，关于5G技术的名称，也不用再费劲思考技术化的命名了。而且5G包含了三个主要应用场景，用到的技术很多也不好提炼名称。

在5G之前的1G到4G全部都是为了服务于"人与人"之间交流和通信而存在。而5G，主要是为了服务于"物与物"和"人与物"之间的通信需求。也就是说，人类第一次将"物联网"提升到和"人联网"相同的级别，甚至比"人联网"更高的级别。这意味着，人类对通信的认知发生了根本性的变化。通信的目的变了，通信的技术和架构也就随之改变。因此，业内人士普遍认为，5G 与 4G 的差异，比得上 4G 和 1G 的差异。

二、5G 赋能产业新模式

中国工程院院士邬贺铨曾在一次演讲中，详细解读了 5G 技术关键点、如何为 5G 业务发展做准备，以及智联网的商业模式在 5G 时代如何演进等关键问题。

智能时代发展至今，有两项技术对其赋能产业起到了关键作用，一项是这两年发展神速的 AI，另一项则是当下逐渐开始商用的 5G。就人工智能本身的发展，邬贺铨认为，目前的人工智能主要还是单机的人工智能，将来一定会发展到互联的人工智能，还会进一步发展到主动的人工智能。在这个发展过程中，5G 的支撑作用至关重要。

所谓互联的人工智能，例如车联网，当一辆车要启动、减速或变道的时候，不等司机操作，这个意图就能通过 5G 车联网同步通知到周边的汽车；有行人穿马路的时候，靠近行人车道的汽车首先发现后，也会同步通知到其他车道的汽车。

所谓主动的人工智能，比如汽车通过车联网的数据能够进行数据训练，熟悉驾驶员的行车习惯和反应能力，遇到紧急情况时，汽车就可以按照安全原则主动来采取措施，不需要人的介入。不过，汽车在主动决策时必须有高速、稳定的网络作为保障才行。

5G 可以大大激发 AR、VR 的潜能，让 AR、VR 在教育、医疗、娱乐等都得到更好的应用，目前很多 5G+AR/VR 的应用已经走进大众。比如医疗上，一般培养一个可上手术台的外科医生需要十年时间，现在通过 VR 技术，医生能够拥有更加逼真、更具可操作性的手术模拟环境，可以大大节省对他们的培养时间。又比如商业上，通过 AR 技术打造 AR 试衣镜，消费者只要站在试衣镜前操作 App，就可以高效地实现试衣服。

5G 则开启了移动通信的新时代。移动通信从第一代到现在 5G 时代，整个移动通信的发展十年一代，每一代都是前一代速率的 1000 倍。1G 到 4G 是面向消费者的，5G 扩展到产业互联网和智慧城市的应用，有三大应用场景：增强移动宽带场景、低功耗广覆盖场景和低时延高可靠场景。

5G推动了人工智能与物联网的结合，扩展了物联网的能力。5G对物联网的要求是1平方千米有100万个物联网模块能连到网上，传输时延少于10秒，丢包率不高于1%。因为5G具有高带宽、低时延的特点，物联网可以直接连到云端，使得大数据能够和人工智能的决策分析融为一体。AI+IoT变成AIoT，也就是发展的智能网推动万物智联。物联网原来只有IoT模块，现在通过连接到云端，加上一些AI芯片和一些开发软件，能实现很多实时决策。

5G开拓了8K视频的应用，不单是分辨率的提升，还增加了每个像素的编码，扩展了动态范围。5G的高带宽低时延可以直播8K视频，并且可以把运动场上多个摄像机位的信号同时播出来，组成360度的场景，使得场外观众不再受物理空间限制，随心所欲地看到直播现场的每一个角度。高清视频不仅仅用于娱乐，还可以用于远程医疗、生产线上机器故障排除等领域。

此外，5G正在应用于更多领域，包括电网、港口、炼油厂、建筑、冶金、机械加工、化工等。这些应用可以归纳到机器视觉范畴。5G高清视频替代传统的人工视觉检测，能很好地发现质量问题，大大提高了效率。

那么5G促进数字化转型的商业模式应该如何设计？其实商业模式自始至终都不是孤立存在的，需要设计的是一套包含认知革新、组织重构和商业模式设计的组合拳。认知革新和组织重构，只是形成降维打击的必要条件。未来的路要怎么走，仍旧充满了不确定性。科技的进步、企业组织的发展以及商业模式的演进，不应被看作孤立的因果链现象，它们之间具有极大的相关性和一致性。不同领域的结构与思维方式具有相似性，各种行为的原理具有一致性，虽然各种承载它们的实体在本质上有很大区别。

第三节　互联网时代数字经济与人工智能和云计算

一、数字经济与人工智能

在"人工智能"概念提出60多年后的今天，人工智能在智能制造、智能金融、智能医疗、智能政府等众多领域取得巨大突破，一些困扰人类多年的重大经济、社会问题也有望得到解决。可以说，这是一场科技革命推动的智能革命。为此，我们要把握好新科技革命和产业变革的历史机遇，完善体制机制和政策环境，推进"智能+"与实体经济的深度融合，加快数字经济和智能经济的发展。

"智能+"的重点领域是制造业。制造业是实体经济的主体，是技术创新的主战场，也是供给侧结构性改革的重要领域。一方面，制造业需要"智能+"，只有深度融合人工智能、物联网、大数据、云计算等数字技术，改进技术装备，才能提高生产效率，优化制造的模式，进而促进我国制造业的数字化发展，扭转当前我国制造业大而不强的局面。另一方面，"智能+"也需要制造业这个大舞台，制造业领域的需求能够为"智能+"相关的新一代信息技术和新一代人工智能技术产业提供庞大的市场，并从需求端倒逼智能技术进步，同时在与产业融合发展的进程中找到新的突破点，推动智能产业自身蓬勃发展和壮大。

"智能+"与金融的结合无疑是对传统银行业的有益补充，能够提升其服务质量，高效而又便捷地将资金需求方与供给方连接在一起，省去了传统模式中不必要的中间环节。智能金融以速度快、成本低、个性化服务等优势在银行业内发展迅速，并孕育了新的商业模式，各种金融手机软件上线后，银行的支付业务、借贷业务和投资业务等多方面已经受到冲击。新形势下，银行网点的服务重点正向着客户体验主导型转变，银行开始加大对数字化、智能化研究的投入，努力构建适应客户需求、实时变化的"智慧银行"，积极推行新型智能化自助设备改造服务流程。

随着语音识别、自然语言处理等人工智能技术的深入发展，一批特殊的银行客服人员正逐渐进入大众的视线。例如，客服机器人已从第一代的问答为主发展到融入深度学习技术的智能客服机器人，它们不仅能理解客户语言的上下文含义，还具有自我学习理解能力，能够理解口语化问题。

在日本，三菱东京银行的智能机器人 NAO 自 2016 年 3 月开始了接待顾客的工作，除日语外，它还可以用英文、中文等 19 种语言进行服务，能够提供外币兑换、自动取款、银行开户等基础服务，还可以通过跳舞、摆造型等方式让客户的等待时间不再无聊。

在中国，各大银行的智能客服也正在试点运行，完善功能。民生银行的智能客服机器人小"ONE"于 2016 年 9 月起在北京分行营业大厅上岗，能够办理几乎所有的大堂常规业务，还可以帮助顾客进行业务分流，并同时提供公众教育服务、贵宾服务、等候区引导等其他服务事项，民生银行下一步致力于将小"ONE"继续升级和优化，计划实现全天候远程监控、客户识别、厅堂管家等功能。

除了智能客服以外，人工智能技术还可以成为用户与金融产品的桥梁，将人工智能和投资顾问结合，产生智能投顾。在平时的生活中，可以看到各式各样的"猜你喜欢"，如视频网站会推荐个性化的影视节目、电商会推荐个性化的商品。随着机器学习的广泛应用，在智能理财领域的智能投顾也能搜集到各类数据，然后识别用户的风险偏好，进而根据用户不同的风险偏好提供个性化的投资方案。

人的风险偏好可能随时发生变化，外部环境以及个人、家庭的突发事件都可能影响用户的风险偏好，但是这些影响因素都可以被量化和记录，智能投顾就是利用人工智能算法，经计算得到一条动态变化的风险偏好变化曲线，使用计算机完成传统由人工完成的理财顾问服务，最终定制其个性化投资方案。

智能投顾的使用并不需要太多关于金融市场和金融产品的知识，或者经过严谨的问卷调查和评估，智能投顾只要根据客户的年龄、性别、收入、心理特征的差异就可以了解客户的风险偏好。与传统投资顾问相比，由于其最终目标是服务于大量客户群体，产生规模效益，因此向客户收取的费用相对较低，很多国内的智能投顾甚至没有服务费，因而大大降低了成本。

"智能+"与医疗的结合实现了医疗过程的信息化、数字化和智能化，即实现患者与医务人员、医疗机构、医疗设备之间顺畅的互动。长久以来，我国医疗资源不足、分布不平衡的问题十分突出，而AI技术的融入有助于弥补人才缺口和资源缺口。例如，目前已经较为成熟的智能诊断辅助系统，可对多种癌症、冠心病等疾病进行筛查。科大讯飞等企业推出的电子语音病例、导诊机器人等智能医疗产品，都可以在一定程度上将医疗工作者从技术难度不高且比较耗费时间的工作中解放出来，提高实际诊疗效率。未来，以物联网、AI技术、云计算等为代表的新一代信息技术，将推动医疗过程向高效率、移动化和个性化的方向发展。

"智能+"对提升政府治理能力具有深远的意义，为强化政府效率提供了技术支撑。如果借助人工智能执行常规任务，如格式化、自动归类、流转、审批等，政府效率至少可提高20%，这方面我国已有不少成熟的案例，如广州"全程电子化商事登记系统"，群众可在智能机器人终端上办理营业执照，从申报、人脸识别、电子签名、智能审核到领取，全程只需要10分钟。"智能+"还可以帮助提高政府决策科学化水平：为政府处理海量数据，通过机器学习和精准算法，对数据进行全面科学的分析整合，从而提出前瞻性解决方案。目前，我国人工智能决策辅助系统在税务稽查、投资决策、宏观人口预测、社会公共资源配置等领域已有大量应用。

智能经济是以大数据、人工智能和信息网络为基础、平台和工具的智慧经济，是智慧经济形态的组成部分，突出了智慧经济中智能机和信息网络的地位和作用，体现了知识经济形态和信息经济形态的历史衔接。而"智能+"时代的到来，契合智能经济发展步伐，并且能够促进智能经济的加速发展。

二、数字经济与云计算

关于云计算的定义，目前的说法并不统一。一种说法是云计算技术以分布式作为计算平台，采用分布式数据处理方法，从分布式存储、并行计算两方面双管齐下，在大量数据中挖掘数据背后蕴藏的价值，并且有效地解决数据存储、计算、容错等内容要求。在此基础上，谷歌提出分布式文件系统理论并在行业中逐渐发展起来，此系统称之为GFS，也可深层次解决数据搜索、存储、分析等问题要求。另一个比较有代表性的观点来自美国国家标准和技术研究所（NIST），这种观点认为，云计算是一种按使用量付费的模式。这种模式为可配置的IT资源共享池提供了可用的、便捷的、按需供应的网络访问。在这些IT资源被提供的过程中，只需要投入很少的管理和交流工作。

可见，云计算就像一个资源聚集的领地，将处理好的数据信息快速、高效地传递给用户，从而带来便捷、实时的服务体验。当然，这也归因于它如下的技术特点。

一是连接的广泛性。云端的IT资源一旦配置完成，云服务的使用者可以通过多种设备终端、不同的传输协议、不同的接口访问云资源。云服务的使用者可以自由地访问这些资源，而云服务的提供者则不需要有更多的介入。

二是云计算在数据储存方面进行了改善，采用分布式储存的方式。分布式储存是较为灵活的储存方式，主要是冗余储存，将同一份数据储存多个副本，具有安全性和可靠性特点。另外，其将计算任务分布在多个模块，分别计算处理后再进行整合，具有高效性，能够满足人们对数据储存的需求。

三是云具有多租户和资源池的特性。云服务的提供者会把很多IT资源放在一个资源池中，满足不同的用户的需求，让用户们各取所需，灵活调用自己的资源，不会相互干扰。

四是云的可度量的使用。也就是说，云计算服务需要像水、电那样，可以清楚地记录其使用状况，并按照使用状况进行收费。

很早之前，Google的创始人谢尔盖·布林和拉里·佩奇就构想出跨越全世界的信息网，供人们随时随地访问，用户只需要将搜索指令通过互联网发送到Google的大型服务器集群上，完成之后就可以得到结果。因为在这之前，用户的电脑运算能力取决于用户各自的电脑硬件、服务器和硬盘存储的大小，而且那时候只有一些大企业和一些科研机构才用得起电脑。

随着云计算时代的到来，谢尔盖·布林和拉里·佩奇的构想成了现实，这就大大降低了用户端的电脑成本，用户只要电脑能连上网，就可以共享中央服务器海量的空间，随时随地下载更新最新的应用软件。摩尔定律虽然对于大幅度降低价格、普及电脑的使用功不可没，但如果没有云计算带来的新商业模式，互联网世界肯定不是"平"的。

从企业的角度讲，企业就应该以一种"平台"经济来看待云计算。在云计算之前，企业如果想要通过互联网来建立企业与客户的联系，就必须成立自己的IT部门，购买域名空间甚至服务器，雇佣IT从业者来实现这个目标。如今在云计算时代，企业只需要注册自己的微博、微信公共平台就可以实现。更重要的是，这些都是免费的，不再需要雇佣懂IT的工程师，任何人都可以很容易学会，这样不仅节约了企业的成本，而且提高了效率。

云计算似电网系统，但实际上又绝非电网系统。在电网系统里，生产电和使用电是分离的，电由发电厂利用它们的发电设备进行生产，然后通过电网系统把电输送到千家万户，如果一个小区没有电，那么小区里的住户也不可能会有电。但是，互联网则不同，云计算建立在"分布式计算"的基础上，这个系统更像交通系统。如果从A地点到B地点因为施工或者车祸等原因无法通过，但并不会影响你到B地点，你完全可以通过先到C地点然后到B地点，也就是我们常说的"绕路走"。

总而言之，云计算就是建立在庞大用户群体参与之上的，他们分享各自的资源信息，然后使所有资源整合聚集在一起，能够使得信息涌现足以满足几乎所有人的信息需求。

与此同时，云计算也折射出了一个问题，就是使用者的数据安全问题。可以这样讲，在互联网服务提供商保持中立的情况下，使用者越多，每个使用者就越安全。举个简单的例子，如果一家超市只有一个顾客，那么这家超市的营业员很容易记住这位顾客每天购买的物品，并基于此对他的个人隐私进行推理，从而得知这位顾客一些不可告人的秘密，或者进行隐私侵犯。但是，如果这家超市每天接待上千位顾客，也许会通过监控设备对顾客的行为了如指掌，但不会每时每刻地关注顾客。除非顾客是小偷，不然这家超市的营业员是不会对其在超市里产生的信息数据感兴趣，即使感兴趣，概率也大大降低。

可见，云计算是一种"中心化"的思维，这里的"中心化"绝非中央集权式的，而是云计算使得计算和数据存储从私人能力转向一种"公共能力"。换句话说，就是使资源集聚起来，然后提供一个平台供人们搜索和了解信息。

随着信息时代的大踏步到来，信息交换已成为一种常态，社交网络、搜索引擎等都已经成为人们生活的一部分，云计算使得所有用户的信息和在互联网上的冲浪痕迹都能够在云端被"统一"存储和计算分析，并使得数据形成规模，最终成为一种可以为这个世界带来价值的资源，而大数据时代的来临和数字经济也将建立在"云计算"的技术支撑之上。

第三章 互联网时代数字经济对中国各领域的影响

本章为互联网时代数字经济对中国各领域的影响，分别对互联网时代数字经济对中国金融的影响、互联网时代数字经济对中国劳动力的影响、互联网时代数字经济对中国产业升级的影响进行了一定的分析。

第一节 互联网时代数字经济对中国金融的影响

一、数字金融的概述

（一）数字金融的概念与内容

现实中，数字金融泛指传统金融机构与互联网公司利用数字技术实现融资、支付、投资和其他新型金融业务模式。这个概念与"互联网金融"（传统金融机构与互联网企业利用互联网技术和信息通信技术实现资金融通、支付、投资和信息中介服务的新型金融业务模式）以及"金融科技"（通过技术手段推动金融创新，形成对金融市场、机构及金融服务产生重大影响的商业模式、技术应用、业务流程和创新产品）相似。通常，互联网金融更多地被看作互联网公司从事金融业务，而金融科技则更突出技术特性。相较而言，数字金融的概念更加中性，所涵盖的范围也更广泛一些。

数字金融系统的发展具有自身独特的路径、特征及规律性。对数字金融的研究有助于进一步激发全球金融生态系统的活力，推动金融行业的业态升级。金融科技的发展有七个趋势性驱动因素：人工智能、大数据处理、核心系统替换、分布式分类账技术、电子支付、包容性金融、金融科技治理。

（二）数字金融的发展历程

从 19 世纪中期，金融科技便已萌芽，历经了三个阶段的发展，从最初作为传统金融行业的补充和助力，到现在形成了与传统金融的竞争关系和替代趋势，数字化金融浪潮的冲击势不可当。

2014—2017 年，全球金融科技投资稳步增长，从 199 亿美元增至 394 亿美元。根据市场研究机构 CB Insights 发布的数据显示，2018 年全球金融科技领域投融资总额达到 395.7 亿美元。我国的数字金融起步较晚，始于 21 世纪初的支付宝体系，但是业内一般将 2013 年的余额宝开张看作中国数字金融发展的开端。如今，中国数字金融已发展成为引领全球的旗帜。支付宝的蚂蚁金服、京东的京东金融，还有一些第三方支付、网络贷款、数字保险以及货币等诸多业务的迅猛发展已居世界前列[①]。《2018 全球金融科技中心指数》显示，全球金融科技正呈现亚洲和美洲处于领先地位，欧洲发展稍逊于亚洲和美洲，"一带一路"经济体积极追赶的格局。

（三）中国数字金融的模式

我国现有数字金融模式大致分为四类：银行类、电商类、社交类和运营商类。银行类以"四大行"中的中国工商银行为例。2015 年初，工商银行提出了"e-ICBC"战略，倡导"三大平台、三大产品线"的规划。"三大平台"分别指"融 e 购""融 e 联""融 e 行"。"融 e 购"是工行自建的电商平台，"融 e 联"是工行便于用户、企业及内部人员沟通而搭建的即时通信平台，"融 e 行"是工行整合原有手机银行和网上银行业务而推出的"直销银行"。"三大产品线"是指融资、支付及投资理财。同时，工行又在年末推行了"e-ICBC"战略 2.0 版本，搭建了包含在线电子商务、金融理财和生活社交的整体框架。2017 年初工商银行对外发布了个人信用消费贷产品"融 e 借"，该产品全面应用了银行多年积累的庞大数据，利用大数据技术为客户供给全方位信贷服务。

阿里巴巴作为电商类的巨头，其运用数字金融的案例可称之为经典。2004 年支付宝成立，完美解决了信任问题，更促使以淘宝和天猫为首的线上电商平台迅猛发展。2014 年蚂蚁金服上线，旗下拥有芝麻信用、蚂蚁花呗、蚂蚁借呗、蚂蚁

---

① 罗晋颖. 浅谈我国数字金融的发展 [J]. 科技经济导刊，2019（27）：207-208.

保险为代表的诸多产品，服务覆盖了不同收入群体。2019年初支付宝全球用户已超过10亿人，这标志着网上支付迈入一个新时代。

说到社交类巨头，则不得不提到腾讯。2000年以来，由于QQ、微信接连上线，腾讯用户遍布大江南北。腾讯旗下的数字金融发展相对较晚，但鉴于其十分庞大的用户群体，近年来其数字金融服务发展十分迅速。早期腾讯旗下只有财付通支付一个服务，而后腾讯以此为基础推出了"QQ钱包"和"微信支付"，给广大用户提供了十分便捷的支付体验，一举成为社交与支付深度融合的经典案例，而且其安全性能在信息技术的快速发展下完全无须用户担忧。当社交支付平台发展相对成熟后，"理财通"产品又被推入市场，该产品包含了证券、基金、保险等诸多板块，满足了用户的多重需求。

电信运营商开展数字金融服务也相对较早，其主要与银行、贷款公司以及金融服务机构展开合作，本着互惠互利的基本原则，跨界合作，以共赢为目标，携手创建了一套"创新互联网金融生态环境与服务模式"体系。相比于银行及电商数据，运营商数据实时性高且可扩展性强，通过手机号可以实现多个平台的信息汇总。如中国三大运营商之一的中国电信，2011年3月成立天翼电子商务有限公司，并创立第三方支付品牌"翼支付"，应用范围涉及购物、生活、金融等多个领域，其中金融板块是中国电信战略发展的重点。在翼支付基础上形成的甜橙金融，已经成为中国电信进行数字金融布局的重要抓手。甜橙金融主要开展支付、征信、消费金融、财富管理、供应链金融以及信息技术六大核心业务。

二、数字金融的影响

（一）数字金融对传统金融和市场的影响

1. 数字金融对传统金融和市场提供的支持

金融是高数据密集型行业，因而金融机构一直是信息技术最积极的应用者。云计算、大数据、人工智能、物联网、区块链等现代信息技术逐渐应用在金融生态系统的各个方面。数字金融对传统金融行业的影响主要体现在：金融科技改变了传统支付渠道，掌握了支付入口，屏蔽了传统银行与消费者之间的直接关联，使传统银行退居支付渠道的后端，从而使金融科技企业既掌握了大量消费者的交易习惯和消费数据，又沉淀了大量的小额闲散资金。

基于数据优势和资金优势，金融科技企业利用算法能够给用户提供低成本、易操作、个性化和理性化的网络借贷、财富管理和保险等金融服务，形成汇、贷、存的金融生态闭环。大数据、云计算、人工智能、区块链等数字技术对传统金融企业的经营效率、风险控制、商业模式等具有深远影响。大数据具有量大、高速、多样等特点，通过客户画像描绘银行个人客户的消费能力、风险偏好和企业客户的生产、流通、运营、财务、销售、相关产业链上下游活动等特征，拓宽银行对客户的了解。基于客户画像，银行可以有效开展精准营销，提高引流成功率，同时银行可根据海量信息结合大数据挖掘方法进行贷款风险分析，量化企业的信用额度。云计算可以实现海量数据云端存储，使大数据在金融市场的应用更加高效便捷。人工智能可以采用机器人、图像识别等技术轻松从大数据中抓取所需要的信息，进行客户识别、信用分析等操作，同时提供智能客服，快速解决用户问题，大大提升使用体验，增强客户黏性。区块链开放性的特征可以连接交易各方，使得交易流程向参与者公开，减少传统金融业务中信息不对称的风险。同时，区块链去信任化和去中心化的特点使得数据不可被篡改，这就提升了交易的安全性，降低了有关的交易成本，具备颠覆传统银行支付、清算、融资、证券、贷款等各项业务的潜力。随着各种数字技术的普及，券商逐渐将外包出去的金融科技业务内化到公司自身去完成，目前已有60%的银行及29%的支付机构制定了金融科技规划[1]。

2. 数字金融下的"开放银行"与货币政策

综合来看，数字金融的发展的确对传统金融业态产生了冲击，但传统金融机构并不是一成不变的，它们在这场浪潮中实现了自我革新和效率提升，逐渐向全新的合作与服务方式转型。2018年以来，无论是国有大行、股份制银行还是民营银行，都纷纷推出"开放银行"战略，即商业银行开放API（Application Programming Interface，应用程序接口）端口，连接各类在线平台服务商。银行通过与服务商合作，开展各种基于具体、特定消费场景的服务。开放银行是一种创新的商业模式和商业理念。在监管允许的范围内，商业银行经客户授权，通过API等技术与其他银行业金融机构、金融科技公司、垂直行业企业等合作伙伴

---

[1] 南开大学数字经济研究中心编写组.数字经济与中国[M].天津：南开大学出版社，2021.

共享信息和服务，实现银行服务与产品的即插即用，共同构建开放的泛银行生态系统。

事实证明，这种转型非常奏效，零售金融利润占比不断提升，非息收入来源增加，并且吸纳了大量的用户资源，成为银行业转型成功的基石。开放银行的进阶与商业银行数字化进程并行，正在成为商业银行全面拥抱金融科技的最佳路径。

但数字金融在增强金融服务，促进金融业转型升级的过程中也给货币政策的有效性带来了挑战。我国传统的货币政策关注的是货币供应量、银行贷款以及社会融资总额。而数字技术促进了由非金融支付机构提供的信用服务的发展，使大量资金在银行体系外运转，这使得各层次货币供应量之间的边界日益模糊，这一方面加大了中央银行对于各层次货币供应量度量及调控的难度，潜在地削弱了数量型货币政策的有效性；另一方面，数字金融拓宽了金融市场中个人和企业的参与渠道，使企业和个人对利率的敏感度上升，有助于使价格型货币政策发挥重要作用。

（二）数字金融助力普惠金融

数字金融有效解决了小微企业、创新型企业、供应链企业融资难、融资贵等问题，助力普惠金融，为服务实体经济、防控金融风险、深化金融供给侧结构性改革助力、赋能，其最大优势就是支持普惠金融的发展。数字技术的应用为克服普惠金融的天然困难提供了一种可行解决方案。由电子商务和通信技术快速发展所推动的数字金融，可以降低传统金融对物理网点的依赖，具有更强的地理穿透性和低成本优势，为广大欠发达地区享受金融服务创造了条件，尤其是数字货币在增加金融服务覆盖面、降低服务成本等方面发挥了重要作用，从而有助于优化金融资产配置，改善中小企业的融资状况，在促进金融稳定的同时实现整体盈利水平的提高。

2005年，普惠金融（Inclusive Finance）这一概念被提出，指以可负担的成本为有金融服务需求的社会各阶层和群体提供适当、有效的金融服务，其主要服务对象是小微企业、农民、城镇低收入人群等。

近年来，中国数字普惠金融发展迅速。中国自2006年起大力推动普惠金融发展，采取了诸如成立小额信贷公司、在金融机构成立"普惠金融业务部"及在农村进行"两权"抵押试点等举措，2013—2018年全国人均拥有的银行账户数由

4.1 个增加到 7.2 个，全国银行卡人均持卡量由 3.1 张增加到 5.5 张。截至 2018 年年末，人民币普惠金融领域贷款余额 13.39 万亿元，同比增长 13.8%，增速比上年末高 5.3 个百分点；全年增加 1.62 万亿元，同比多增 6958 亿元；普惠口径小微贷款余额 9.36 万亿元，同比增长 21.79%，比各项贷款增速高出 9.2 个百分点；普惠口径小微贷款支持小微经营主体 1723.23 万户，比年初增加 455.07 万户；小微企业贷款利率有所下降，2018 年第四季度银行业新发放普惠型小微企业贷款平均利率为 7.02%，较当年第一季度下降 0.8 个百分点[①]。但普惠金融由于面临成本高和风险定价的难题，往往缺乏商业可持续性。

普惠信贷重视消除金融排斥，实现社会公平。传统银行贷款将那些没有房屋、车辆、不具备户口社保但却有真实金融需求的人群排除在外，形成了传统意义上的金融排斥。而数字技术的应用挖掘了社交、线上消费、支付等软数据的"变现价值"，有效降低了交易成本和信贷服务的门槛。但是，随着这种"互联网+"模式把线上用户的数据挖掘得越来越充分，新的金融排斥也随之产生，那些生产经营活动集中在线下或者互联网应用能力和移动智能机操作经验不足的小微企业主、农户、城镇低收入群体具有合理、真实的融资需求，如果有风险价格合理的资金为其"造血"，他们完全能够在偿还本息的同时提升自己的生活和经营能力，却因"触网"概率低，缺乏线上行为痕迹而成为"互联网+"时代的"真空地带"。

面对普惠信贷发展过程中的问题与矛盾，聚合模式应运而生。所谓聚合模式，就是将普惠信贷中的环节拆分解构，形成获客、数据、风控、资金、增信等独立的业务"节点"，进而依托金融科技搭建统一平台，将在不同"节点"上各有所长的机构连接起来，形成有机生态体系的普惠信贷业务模式。在聚合模式下，诸多业务参与方在遵循自身经营资质要求和机构间合作规范的前提下，充分发挥各自在业务属性、服务网络、数据积累、科技研发、融资渠道等方面的差异化优势，以协同方式消除业务短板，产生规模经济效应，从而为普惠金融人群提供多元化、价格可承担、体验便捷的信贷解决方案。

与传统的普惠金融商业模式相比，数字金融带来的普惠金融商业模式的创新更适应目标人群需求，这主要体现在以下几个方面：在扩大金融服务覆盖面、增强金融服务可获得性方面，数字金融凭借互联网移动终端带来的客流量和基于区

---

① 南开大学数字经济研究中心编写组. 数字经济与中国[M]. 天津：南开大学出版社，2021.

块链点对点的网络关系能够延长普惠金融服务半径，扩大服务的覆盖范围，打破了地理空间的限制，将金融服务触角延伸至偏远地区或低收入人群，提升了金融服务的可获得性；在降低交易成本、平衡商业利润和社会效益方面，数字金融利用大数据与云计算技术分析和处理互联网社交、消费、工作以及生活各方面数据，高效评价客户信用水平，依靠区块链技术还可以形成可跟踪、可追责的信用体系，从而缓解信息不对称，削减信息成本，降低获客成本；在简化业务流程、提升金融服务效率方面，数字金融可以整合海量数据，有效甄别用户信息，将风险显性化，在很大限度上简化了信用审核流程，并依托区块链技术，将所有信息实时自动记录并存储，有效缩短了金融后端业务流程。

中国不乏成功的数字普惠金融商业模式。例如，2007年阿里巴巴与国有银行合作，向淘宝商户开放小额信贷申请服务。2011年，支付宝获得中央银行颁发的国内首张支付业务许可证，与此同时，阿里巴巴开始独立开展小额贷款业务。2013年6月，阿里巴巴推出的互联网货币基金"余额宝"引爆市场。2014年，在支付宝业务基础上，蚂蚁金融服务集团（简称"蚂蚁金服"）正式成立。当前，蚂蚁金服已提供支付、小额贷款、征信、理财等多类金融服务。在蚂蚁金服的诸多数字金融产品中，芝麻信用、蚂蚁花呗及蚂蚁借呗最具代表性。"芝麻信用分"是芝麻信用对外推出的评分产品，目前已经被应用于衣、食、住、行多个场景。其中，基于芝麻信用展开消费金融业务是最直接的应用方向，蚂蚁花呗和蚂蚁借呗正是蚂蚁金服为大众设计的互联网消费金融产品。根据个人芝麻信用分，蚂蚁花呗能够为用户提供500~50000元不等的消费贷款，以便其在淘宝平台购物时使用。与蚂蚁花呗不同，蚂蚁借呗能够为用户提供现金消费贷款，即消费场景不再局限于指定线上平台，也可以是任意线下商户。根据数据统计，蚂蚁花呗和蚂蚁借呗的主要使用人群为"80后""90后"，尤其受低收入人群青睐。

数字技术与普惠金融相结合，在互联网平台建立诸如淘宝或微信的"场景"，连接上亿的移动终端，将金融与生活场景深度结合，提供无处不在的金融服务；同时依托云计算、大数据等金融科技手段通过对来自社交媒体和网购平台的数据进行分析，了解用户，甄别风险，并进行信用评估，在不见面的情况下降低获客与风控的成本，大大提高了普惠金融发展的可行性。尽管大部分居民没有征信记录，但人们日常使用微信、支付宝缴纳水、电、燃气等生活费用，或进行购物用餐时，均可以累积信用，提供征信记录。这些记录在数字金融平台（如蚂蚁借呗、微粒贷）上已被用于借贷审核。

北京大学数字金融研究中心和蚂蚁金服集团利用蚂蚁金服的交易账户数据，编制了 2011—2018 年多个行政层次的中国数字普惠金融指数，结果显示数字金融是中国实现低成本、广覆盖和可持续的包容性金融的重要模式，为经济落后地区实现经济赶超提供了可能，大大加快了我国普惠金融的发展进程。

三、数字金融的创新

（一）数字货币

1. 非法定数字货币的发展概况

自从以区块链技术开发出比特币、以太币等数字货币以来，各国的资本投资者、金融机构和政府都对此高度关注并加大了投资研究力度。区块链技术是数字货币研究的主流技术，基于该技术的数字货币相较于传统货币具有降低发行成本和交易成本、提高支付效率、提升交易安全性等方面的优势。

加密货币作为一种新兴的数字货币越来越受欢迎，但它不太可能取代法定数字货币。以比特币为例，它的确是一种交易媒介，但目前它只适用于数量有限的商品，在总体支付中所占比重较小。此外，虽然比特币最初是作为一个点对点（peer-to-peer）支付系统创建的，但许多发生在消费者和企业之间的比特币交易，都涉及将比特币转换成真实货币的中间人，这既涉及成本，也涉及时间。比特币的缺点是价值波动较大，不是一个稳定的价值来源。

以瑞波币（Ripple）为例来说明非法定数字货币所具有的独特性质。Ripple 是由一家同名私人公司于 2012 年推出的，旨在成为比特币的替代品，能够处理现有和可想象的所有货币，包括这些货币之间的交换和更广泛的金融交易。Ripple 遵循的是"没有人信任任何人"的原则，每个 Ripple 用户都可以通过指定约定的委托金额，与自己选择的账户明确建立值得信任的关系。作为一个整体，这些链接形成了账户之间的信任网络，两个账户要想结算，它们之间必须存在一个"信任路径"。Ripple 将所有账户的状态、账户余额等信息以带有时间戳的"分类账"的形式定期记录下来。交易的验证只使用最新发布的分类账和下一个正在验证的分类账，有效加快了验证过程。此外，所有 Ripple 用户都可以实现货币 A 与货币 B 之间的自由交换。

2. 国外关于法定数字货币的研究

对于法定数字货币，各国都予以密切关注、积极跟踪研究，很多国家的中央银行都表示未来将发行法定数字货币，有的国家甚至已经在尝试开发。

目前已发行中央银行数字货币的国家包括南美洲的厄瓜多尔、委内瑞拉、乌拉圭，非洲的突尼斯和塞内加尔，大洋洲的马绍尔群岛，经研究发现这几个国家要么国际地位不高，要么国内面临严峻的经济危机，所以试图通过法定数字货币的发行来寻求出路，但是并未在全国范围内实施，与期望效果相背离。以委内瑞拉为例说明。2018年2月21日，委内瑞拉政府发布了名为"石油币"的官方数字货币，以该国盛产的石油作为货币锚来支撑货币，成为南美洲继厄瓜多尔之后第二个推出中央银行数字货币的国家。但是由于委内瑞拉存在国内经济剧烈波动、通货膨胀严重和国内政治危机等一系列问题，自发行以来很多人都认为"石油币"是政府操纵的资金骗局，加之美国对委内瑞拉实施的经济制裁，使得"石油币"的前景堪忧。

英国、加拿大、俄罗斯、瑞典、泰国、立陶宛、巴哈马等国家都计划推出中央银行数字货币。

英国中央银行开展法定数字货币的研究较快。2015年英格兰银行提出数字货币的法定化，与伦敦大学合作研究发行数字货币 RSCoin，旨在打造一种受中央银行控制、可扩展的数字货币。目前 RSCoin 仍处于原型设计阶段。

2016年3月，加拿大启动了基于区块链技术的法定数字货币 Jasper 的试验项目。项目的参与方涉及加拿大国家支付系统、加拿大中央银行、加拿大主要银行和 R3 联盟（由 200 多家公司组成的区块链联盟）。项目利用分布式账簿技术构建了模拟批发支付系统，具体分三个阶段实施。第一阶段是利用以太坊平台构建原型和概念来验证系统，调查中央银行发行的数字收据的使用现状；第二阶段是利用 R3 开源分布式记账平台 Corda 构建原型以便进一步探索；第三阶段（目前进行的阶段）是尝试在同一账簿上进行多种资产的结算。

新加坡的金融管理局（MAS）也较早地发起了 Ubin 项目，开始对中央银行数字货币系统进行研究。该项目同加拿大 Jasper 项目一样邀请了 R3 联盟参与，并且也借鉴了 Jasper 项目的很多特性。目前 Ubin 项目已经评估了分布式账簿的可行性及可能的影响，发现了其存在的问题，找出了其未来需要加强的元素。

3. 国内关于法定数字货币的研究

中国人民银行对于数字货币和区块链技术一直持有积极的态度，并组织金融行业机构参与法定数字货币体系的设计和构建。

商业机构提供的支付服务和产品具有商业趋利性，不能像公共服务和产品一样惠及全体人民。因此对于数字货币来说，只有通过国家垄断的方式，广大的人民才能获得公平普惠的货币服务，从货币的发展历史和经济学角度来讲，法定数字货币可能是社会成本最少，最值得信赖，也是最具有竞争力的数字货币。因此，中国对于法定数字货币的研究将有助于我国在未来的国际金融体系变革中占据有利的位置。

2014 年，中国人民银行法定数字货币研究小组成立。该小组主要研究发行法定数字货币的可行性，并且也开展了关于数字货币发行和业务运行框架、数字货币的关键技术、发行流通环境这几方面的研究，并取得了阶段性的成果。

2016 年 1 月，中国人民银行召开数字货币研讨会，明确将发行法定数字货币作为战略目标，要求研究小组加快法定数字货币关键技术和多场景应用的研究。同年 11 月，数字货币研究院成立，对数字货币全领域展开研究，明确将采用"中央银行—商业银行"双层投放体系实现数字货币的发行和流通，设计了以"两库、三中心"为基础的系统架构，并利用区块链技术建设了数字票据交易平台的原型系统。

2017 年，中国人民银行成功测试了基于区块链的数字票据交易平台。同年 12 月，中国人民银行数字货币研究所正式挂牌。

2018 年 6 月 15 日，中国人民银行数字货币研究所出资设立深圳金融科技有限公司，该公司的经营范围涉及金融科技相关技术的开发、咨询、转让等服务，还包括金融科技相关系统的建设与运行维护。同年 8 月 28 日，南京市人民政府、南京大学、江苏银行、中国人民银行南京分行、中国人民银行数字货币研究所合作建立的南京金融科技研究创新中心正式揭牌。

2019 年 5 月在贵阳举办的 2019 中国国际大数据产业博览会上，中国人民银行数字货币研究所开发的 PBITFP 贸易融资的区块链平台亮相。2019 年 9 月 5 日，中央银行数字货币的"闭环测试"已经开始，测试中会模拟某些支付方案并涉及一些商业和非政府机构。

人民币3.0是中国人民银行货币的数字化，简称为"DC/EP"。其中，"DC"是"Digital Currency"的缩写，"EP"是"Electronic Payment"的缩写，主要功能就是作为电子支付手段。区别于人民币2.0，人民币3.0界定了法定数字货币与支付宝、微信等移动支付的不同性质。目前商业银行账户体系的M1和M2已经实现了电子化和数字化，短时间内没必要再次改造。因此，根据中国人民银行的公开资料，即将推出的数字货币重点替代M0而非M1和M2，即实现纸钞数字化。

目前中国人民银行数字货币的投放模式为"双层运营"结构，即按照100%的准备金制度将数字货币兑换给商业银行，再由商业银行或商业机构将数字货币兑换给公众。这种结构可以使中国人民银行和商业银行之间优劣互补，刺激各商业银行在中国人民银行预设的轨道上进行充分竞争，推动新型金融生态的形成与发育，降低中国人民银行在人才、资源和运营工作等方面的潜在风险。

相比世界主要发达国家，中国人民银行数字货币的技术体系具有诸多优势。其一，中国具有很多原创性的相关技术。截至2019年9月，中国人民银行四家机构已申请的专利达84条。其二，中国大学和研究机构对于基础科学的研究进展很快，具有吸纳国际数字货币技术成果的能力。目前，中国人民银行数字货币的核心技术在于"中央银行数字货币钱包/芯片卡"这一点。

（二）区块链技术

1. 区块链技术在中国的发展

2015年，曹磊发表的《区块链，金融的另一种可能》奠定了我国区块链学术研究的开端。同年8月，中国万向控股出资成立了万向区块链实验室，这是中国首个致力推动区块链技术实际应用的研究机构。

2016年4月，中国分布式总账基础协议联盟成立，这是当时中国最具影响力的区块链联盟。同年7月31日，蚂蚁金服宣布将在公益场景尝试应用区块链。同年10月，工业和信息化部在颁布的《中国区块链技术和应用发展白皮书（2016）》中强调了区块链系统对于教育就业等方面发展的重要性。同年12月，在国务院发布的《"十三五"国家信息化规划》中首次纳入了区块链技术。

2017年，可信区块链开放实验室由中国工业和信息化部建立，加快了区块链技术在中国的发展进程。

2018年2月26日，《人民日报》发表了题为《三问区块链》的整版专题报道，进一步体现了中国的积极立场。同年5月，工业和信息化部正式发布《2018年中国区块链产业白皮书》，这是第一份官方发布的区块链行业白皮书。

2019年10月25日，在中央政治局第十八次集体学习中，习近平总书记强调要把区块链技术作为核心技术自主创新的重要突破口。

中国在发展区块链技术的过程中还面临着许多挑战。第一，可扩展性问题。在区块链系统中，可扩展性、无中心和安全性这三者最多只能实现两个，即"不可能三角"。因此，任何一个区块链系统的架构策略都会包含这三者的折中权衡。第二，互操作性问题。要实现区块链的"可信"，区块链网络的规模必须足够大。但目前许多组织和机构都在小规模范围内尝试使用区块链，导致区块链技术和平台多样化，因此面临着将这些异构的区块链架接起来的挑战。第三，监管问题。在保持区块链"自治"的前提下，国家应尽快将区块链纳入监管体系，从而实现广泛应用。

虽然区块链技术的发展还有很多亟待解决的问题，但是并不影响它在金融科技、数字货币等许多领域内的发展应用，在未来它将仍是人们研究的热点。

2. 区块链技术在供应链金融中的应用

供应链金融涉及供应链、金融、物流等多个领域，融资模式大致可以分为库存融资、采购订单融资和应收账款融资。供应链金融诞生至今仍有诸多痛点，信息不对称、缺乏信任传导机制、流程烦琐低效且风险控制成本高昂等都制约其发展。而自从2015年开始区块链技术在金融领域逐渐应用，其所面临的问题不断得到解决。区块链技术将物流供应链中的每一份资产、每一个节点以数字化的形式全方位地在云平台上展现，保证信息清晰透明、真实可靠。其特殊的隐私安全保护机制根除了供应链各个环节信息共享中的障碍。同时，区块链构建了供应链新的信用体系，降低了交易成本，解决了供应链融资中的信用风险问题。

一站网物流金融链是探索"区块链+供应链"模式的商业案例。物流金融链通过开放、透明、互利的金融协议，将资金方、物流平台、运力供应商等行业内参与方吸纳进来，形成一个经济互利的生态系统，解决中小物流企业供应商融资渠道受限的问题。技术上，一站网物流金融链通过自主研发的 Vector Link 区块链技术，对系统高频数据进行加速和高可用性优化，对存证数据进行持久化同步，兼顾性能、数据隐私性和安全性。创新上，物流金融链首次提出"运力值"概念，锚定确权后的应收账款并由平台方提供担保。企业在供应链上的信用情况影响运力参数，确保诚信情况与收益正相关。基于"运力值"机制，原先中小微供应商期限短而分散的应收账款可及时转化为有效的数据价值凭证，据此快速获得金融机构融资，同时可以享受包括运力贷、运力消费、加油贷、贷款买车等在内的众多高效灵活的金融服务，盘活流动性。

（三）监管沙盒在我国的实践

2016年9月，中国香港金融管理局（HKMA）提出了针对银行业的监管沙盒计划，主要涉及快速支付、虚拟银行、应用程序编程接口、通过声音和静脉识别客户身份等业务，对于符合业务范围的测试项目采取逐个审批的方式。HKMA允许进入沙盒的银行对有限的客户进行试点测试，在测试时间内不需要完全符合通常的监管要求，并鼓励银行进行金融创新。

香港的成功经验也暗示着监管沙盒在中国内地是可行且必要的。一方面，监管沙盒引导金融创新的合规发展，能缓解金融稳定和金融创新之间的矛盾，促进监管机构和监管对象的良性互动，因此我国有必要引入监管沙盒；另一方面，监管沙盒模式与中国的金融市场、监管体制、金融改革路径等多方面存在着契合性，故引入该模式也是可行之举。目前，我国北京、上海、贵阳、赣州等城市已经开展监管沙盒试点工作。

借鉴世界各国和地区的试验经验，本书对中国监管沙盒的本土构造提出如下几点建设性意见。

第一，建立"授权型立法"模式。在我国推行监管沙盒，首先要解决的问题就是相关的立法问题，有了明确的法律法规的指引，才能进行正确的操作。由于我国金融监管立法属于中央专属立法权，为了让监管更加方便快捷，可以仿照自贸区的做法，在特定的试点区域内设立"法律特区"，由国务院因时因地对法律进行调整，对区块链金融活动暂停部分法律规定的行政审批；同时授予该区域内的立法机构以委托立法权，随时根据具体情况做出适当的调整。此外，对于相关法律制度从实施主体、适用对象、基本内容和表现形式四方面进行本土化构造。

第二,合理确定监管沙盒的准入门槛。我国在构建监管沙盒平台时,要确保测试的企业符合资格要求、具有很好的信用条件。具体来说就是效仿澳大利亚的做法,对于信用较好并具备金融业务资格的企业可以延展其获批业务范围,准许其进入沙盒。同时制定针对金融创新业务的注册和审批流程,给予企业从事金融业务的权利,并由监管机构进行严格监管。由于我国金融市场具有高行政管理的特性,目前个案审批形式还不太可行。

第三,制定详细的沙盒退出机制。由于沙盒的资源有限,为了合理配置利用资源,必须制订明确可行的沙盒退出计划,包括测试时间、可行性标准等相关内容。对于测试期满、产品不具有创新性或不可行的企业,应及时使之退出沙盒。具体标准的制定任务可交由监管机构执行,监管机构在执行的过程中必须依法而行,确保所有企业受到公平对待。

我国在推动监管沙盒本土化的过程中,必须重视伴随而来的诸多挑战。监管沙盒并不是完美的金融监管体系,它也存在着潜在的风险。一是测试失败会带来严重的后果。进行测试需要高昂的成本支撑,当失败时,测试企业无法弥补被测试者的相关损失;而且较长的测试周期贻误了金融产品进入市场的最佳时机,影响监管机构的信誉。二是测试结果的真实性有待商榷。监管沙盒放宽了监管约束,使得测试环境无法模拟真实的金融市场环境,所以可能会低估产品推广时面临的金融风险。

四、数字金融的风险及其防控

(一)数字金融面临的风险

1. 大数据的真实性难以保证

大数据的真实性难以保证,会降低结果的有效性。大数据的来源很广泛,包括网上搜索、电子平台交易数据、公共平台互动等,与传统的统计数据相比较,其更加全面、及时、透明。但是在很多情况下数据的真实性无法判断,若数据出现造假,风控模型得到的结果就会与真实情况相背离,出现风险管理决策的严重失误。比如,有的融资主体为了满足贷款条件或者获得更高的贷款额度,会进行流水造假,还会出现其他个体的模仿效应,这样就会给金融监管带来困难。

2. 数字货币带来的挑战

（1）基于区块链技术的数字货币会存在去中心化的风险

数字货币大多采用的是公有区块链，在不同共识算法的影响下，不同的数字货币在货币发行与移转、货币信息记录、货币系统维护等方面表现出不同的去中心化程度。参差不齐的去中心化程度毫无疑问提高了金融监管的难度。在传统金融业态下，风险主要在金融体系内传播，并过渡到实体经济。但是在去中心化的体制下，金融风险往往是呈网状传播，传播速度更快、传染范围不断扩大，这使得风险的破坏性更强。

（2）数字货币的强匿名性带来的风险

区块链中的加密算法使得数字货币具有了匿名的特性。匿名性使得监管者无法追踪数字交易的具体情况，会使得逃避税收和资本管制、进行资产转移、开展首次币发行（ICO）融资骗局和资产骗局等违法犯罪活动更加猖獗，进一步损害投资者的相关利益。另外，当数字货币交易所遭到黑客攻击，大量数字货币被盗时，由于匿名性和交易活动的不可逆性，持有者无法通过包括法律在内的任何途径追回自己的财产，损失惨重，因此监管者面临更大的监管压力。

3. 难以实现金融创新与金融稳定平衡

为了摆脱外部监管约束金融机构会进行金融创新，采用各种创新型的金融工具、交易方式、金融产品等，从而获得超额利润，但是系统性风险也会相应增加，导致金融危机发生的概率增大。

政府监管部门的职责在于防范金融过度创新中可能出现的风险，保证金融市场的稳定运行，当面对金融创新时，监管部门会不断调整监管力度；但过于严格的金融监管将导致企业利润的下降。在这种情况下，监督和创新存在相互促进和相互约束的关系，会出现"创新—监管—再创新—再监管"的不断重复的动态博弈过程，创新和监管就有可能在持续的博弈动态中实现均衡，实现双方的共赢。但是目前金融创新与金融稳定之间出现了明显的失衡，金融稳定是监管者在制定政策时的优选项。政策制定者不仅要考虑实现金融市场的稳定可控，满足中央"金融去杠杆"的要求，同时也要注意保证金融创新的可持续性，还要防止对正常市场秩序造成的干扰。这种多重矛盾相互牵制的困境成为监管的难点之一。

4. 传统金融监管缺乏对数字金融的监管

传统的金融监管主要围绕商业银行、政策性银行、证券公司、保险公司等金融机构展开，对这些金融机构的资本金、利率限制、审计和财务信息公开等方面都做出了详细的监管要求。而融资性担保公司、小额贷款公司、有限合伙制私募股权投资基金等非金融机构则不受金融监管机构（"一行两会"）的监管，只存在部分地方政府和行业协会等方的监管，有的甚至连自律监管也没有。在数字金融快速发展的环境下，中心化的传统金融监管就暴露出了明显的弊端，会出现由于监管覆盖存在漏洞导致监管失灵、金融风险传播几乎不受限制等现象，严重影响金融市场的稳定。

5. 混业经营模式对分业监管体制的冲击

当前我国的金融监管体系仍属于分业监管。一方面金融监管范围狭窄，过度关注金融机构市场准入条件和合法合规性，对于企业经营过程中的风险控制和问题金融机构的处理不够重视；另一方面监管部门各自为政，使得数据分散，共享机制落后，严重阻碍了监管信息的可得性和完整性。

数字金融服务平台提供综合性的金融服务，同一家平台开展网贷、投资、保险等不同业务的现象很普遍。数字金融机构和产品的混业趋势，使得创新出的金融工具和金融产品更加复杂，在这种情况下就会导致监管空档和监管重叠，监管机构间相互推诿扯皮，严重降低了监管效率。因此，现行的分业监管已经不适合数字金融发展的需要，不同金融监管机构应加强合作。此外，由于数字技术的跨国界性和金融服务的全球化，监管协调已经不仅局限于某个国家内部，因此既要建立健全监管体系，还要加强各国间的沟通交流。

6. 数字金融提高了洗钱的监管难度

数字金融通过数字化形式向低收入群体提供金融服务，使得被传统金融机构排除在外的人也获得了资金支持，有利于普惠金融的发展，促进了经济的包容性增长。但是由于目前数字金融机构做出贷款、投资和保险等金融决策时的风控管理还很不完善，对于企业经营信息和个人信用信息掌握不完全，缺乏全国统一的金融监管综合信息共享平台和风险监测预警平台，对交易审核流于形式、缺乏实质性的考察，存在信息不对称的风险，因此会增加洗钱和恐怖融资方面的风险；此外，数字货币强匿名性的特征也使得反洗钱的难度进一步加大。大数据风控的进程缓慢和数字货币的快速发展使监管部门面临巨大的反洗钱监管压力。

（二）数字金融的风险防控

1. 大数据风险防控

（1）中国商业银行的大数据风控

商业银行对于个人业务的传统风控主要关注征信数据，对无征信人群业务的开展受到阻碍。随着信息技术的发展和移动互联的普及，关于客户的消费、出行、通信等方面的行为类数据都可以通过淘宝、京东、美团等软件获取，为大数据风控提供了丰富的数据基础。商业银行智能化地将上述非信贷行为数据引入，借助大数据和机器学习等新兴算法，挖掘客户非信贷行为数据与潜在风险之间存在的相关关系，拓宽了商业银行的风控半径，丰富了客户风险画像和风险识别的维度。此外，智能风控还能够捕获到银行此前关注不到或实际操作困难的信息维度，例如利用社交、设备数据和神经网络技术，能够更精准识别欺诈申请和欺诈交易等。同时，智能风控所使用的数据具有高频更新的特点，这使得商业银行可以快速捕捉客户风险特征的变化，及时调整金融决策。

商业银行在个人零售业务中，利用 AI 技术、大数据、人脸识别、云计算等对客户进行 360° 画像，杨峻提出可从三个维度（见表3-1-1）对个人客户的信用进行审慎的考察。而对于企业融资业务，可利用大数据等相关技术建立企业客户智能预警监控体系，由系统从外部实时获取企业的财务、诉讼、舆情、公告数据以及所处行业等方面的信息，实现对企业全产业链的监控，利用 AI 决策进行风险预警。随着银行系统数据的不断积累，还可将各种风险预警信号与事后违约概率进行关联度分析，找出企业与企业违约强相关的各个指标，不断优化银行信贷评估模型，提高决策的准确率和贷款回收率。[①]

表3-1-1 商业银行个人零售业务征信体系

评估维度	具体指标	具体考察内容
正面的信用能力	还款能力	重点分析个人的征信信息、银行流水、消费、资产实力等
	还款意愿	主要包括信息核实、黑名单比对、欺诈甄别、多头借贷等

---

① 杨峻.新时代风控的价值与发展[J].中国金融，2018（02）：87-88.

续表

评估维度	具体指标	具体考察内容
背面的投资能力	客观财务实力	分析个人基础信息、资产信息、投资行为、消费行为等方面
	风险偏好	侧重个人的投资规划、投资经验、认知水平、风险敏感度等
侧面的反洗钱调查	—	加强客户的身份识别和交易监控

资料来源：杨峻．新时代风控的价值与发展［J］．中国金融，2018（02）：87-88．

（2）中国网贷平台的大数据风控

P2P 全称为"online-peer-to-peer"，本意为点对点信贷，即个体之间或个体与企业之间通过网络实现贷款。P2P 网贷近几年在中国发展速度相当迅猛，但是由于投资者根据筹资者的历史记录、征信系统和资产状况等信息审核筹资者偿还情况的能力普遍较弱，而且各平台的征信能力参差不齐，加之缺乏行业自律意识，2015—2019 年问题平台比例逐渐增多。

当前部分网贷平台已经与芝麻信用、腾讯征信和安融征信等第三方征信机构展开合作，甚至有的网贷平台开始尝试自建征信系统。中国目前的征信机构主要任务是为网贷平台筛选和分析客户数据。2018 年 1 月 4 日，中央银行在官网发布一则公告称，即日起正式开始受理百行征信有限公司（筹）的个人征信业务申请，正式开启信用数据整合的时代。"信联"作为征信的联盟，是官方版本的个人征信机构；由中国互联网金融协会牵头并持股 36%，芝麻信用、腾讯信用、前海征信等八家个人征信拍照试点机构各持股 8%。在"信联"出现之前，上述几家征信机构形成寡头垄断，信用数据存在不精确和覆盖率低的问题，"信联"的建立整合了征信机构间的数据，形成了更加真实、完整的客户信用画像，促进了大数据风控的发展。

2. 监管科技在中国的发展

2017 年 5 月，中国人民银行成立金融科技委员会，强调通过金融科技委员会强化监管科技的应用实践，积极利用大数据、人工智能、云计算等技术丰富金融监管手段。2018 年证监会正式发布实施监管科技总体建设方案，标志着证监会完成了监管科技建设工作的顶层设计，并进入了全面实施阶段。目前，互联网金融巨头和网络银行等在客户信用评价模型与 KYC 领域中已经大量运用监管科技。这些现象都说明我国监管科技发展势头迅猛，前景良好。

目前，银行及支付机构开展金融科技业务仍以技术部门牵头为主，其中14.89%的银行及10.26%的支付机构设立了专门的金融科技部门。[①] 银行发展金融科技业务的主要方式为外部合作和单位内部孵化，支付机构则是以内部孵化为主。此外，银行金融科技资金投入相对高于支付机构，银行的金融科技标准制度建设情况也相对较好，但仍有不足。

从技术发展应用来看，涉及大数据的机构最多，发展也最快；涉及云计算、人工智能、分布式数据库的机构相对较多，发展速度次之；而涉及区块链、物联网、5G的机构相对较少，发展速度也最慢。从机构类别来看，整体上银行比支付机构涉及的领域更广。银行和支付机构利用金融科技赋能最多的领域就是完善风险监控模型监测可疑交易。

但是，目前全球掌握监管科技的企业大多分布在欧美地区。中国在监管科技的实践中仍存在很多问题，需要不断加以弥补改进。未来监管科技的解决方案需要标准化，这有助于摊薄开发成本，但是要明确的一点是，监管科技标准化在短期内是难以实现的。一是由于监管数据尚未实现标准化，这会影响相关指标的准确性和可比性；二是由于标准化所要求的技术安全性很高，还需要耗费很长的时间进行研究；三是由于标准化方案的选择不可以采取行政手段指定，需要经由市场激烈的优胜劣汰机制来抉择，但是这一过程是漫长的。

第二节　互联网时代数字经济对中国劳动力的影响

近年来，随着以数字化的知识和信息作为关键生产要素的数字经济蓬勃发展，新技术、新业态、新模式层出不穷，数字经济成为拉动经济增长的新引擎。世界各国纷纷将发展数字经济作为推动经济发展的重要战略，并进一步将数字经济取得的创新成果融合于实体经济各个领域，围绕新一轮科技和产业制高点展开积极竞争与合作。数字经济发展战略已经被提升到国家竞争力的高度，受到国家战略层面的推动布局。当前，新一轮技术革命正在如火如荼地进行着，各种数字技术，

[①] 中国支付清算协会金融科技专业委员会.商业银行及非银行支付机构金融科技业务发展情况调查报告[EB/OL].（2020-3-17）[2022-11-20].http://www.knowledge-bank.com/jinrongxinwen/16742.html.

如大数据、人工智能、物联网等，不断实现技术突破和进步。数据资源正在变成关键的生产要素，成为社会发展的推动力，数字经济领域提供的就业岗位越来越多，新模式、新业态不断涌现。数字经济在对新业态就业产生就业扩张效应的同时，对传统行业就业也产生了就业替代效应。同时，数字经济的发展赋予劳动者更多选择权和自由度，产生了大量新的灵活就业形态，形成了就业形态创新效应，多种效应综合在一起对传统劳动力市场供需规模和结构造成了巨大的冲击。

在本节，我们将深入分析数字经济发展对劳动力市场产生的多重影响及其影响机制。我们还将分析数字经济对世界及我国劳动力市场供求产生的影响，研究数字经济与就业之间的关系。基于研究结论，我们将从政府、企业与个人的角度提出相关的政策建议，以更好地适应数字经济的发展对劳动力市场的影响。

一、数字经济时代劳动力市场的典型特征

（一）数字经济的就业特征

1. 就业规模

数字经济是在农业经济和工业经济之后出现的新经济形态，一方面互联网、电子商务、计算机软件、通信、IT 服务等数字经济领域创造出大量的新兴就业岗位；另一方面传统就业领域也在积极寻求数字化转型，带来了新的就业机会。美国和中国的数字经济发展在全球居于前两位，2017 年数字经济总量分别为 11.5 万亿美元和 4.02 万亿美元，相应地，两国国内数字经济就业规模也呈现增长趋势。根据美国经济分析局（BEA）公布的数据，2017 年美国数字经济支撑了 510 万个就业岗位，占美国全部 1.521 亿个就业岗位的 3.3%，且数字经济领域就业的员工年薪平均为 132223 美元，显著高于整体经济的平均年薪 68 506 美元。[①] 图 3-2-1 为中国 2007—2017 年的数字经济就业情况，可以看出，无论是在就业的绝对量还是相对量上，数字经济就业都呈现出高速增长态势，至 2017 年数字经济就业占比达到了整体就业的 22.1%。根据《中国数字经济发展与就业白皮书（2019 年）》，中国 2018 年数字经济领域就业人数为 1.91 亿，数字经济就业占总就业比

---

① 南开大学数字经济研究中心编写组.数字经济与中国[M].天津：南开大学出版社，2021：232.

重为24.6%，①在2017年的基础上，延续了一直以来的增长趋势。

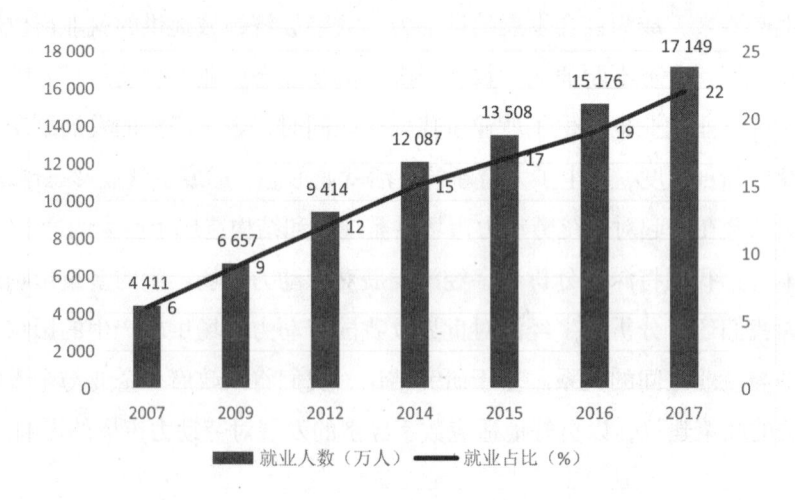

图3-2-1　2007—2017年中国数字经济就业概况

资料来源：中国信息通信研究院，《中国数字经济发展与就业白皮书（2018年）》。

2. 就业结构

在就业的产业结构方面，目前第三产业数字经济发展是吸纳就业的主要力量。2017年中国第三产业数字化转型吸纳的劳动力约为12 016万人，占第三产业总就业人数的34.3%，显著高于第一产业的7.8%和第二产业的22.4%；2018年第一、二、三产业数字化转型就业占比均有提高，其中第三产业同比增长约4个百分点，高于第一和第二产业。②

就业的产业结构变化与产业属性相关。对第一产业而言，随着机器人等新一代人工智能技术的普及，农业将趋向规模化、集约化、智能化，劳动生产率随之提高，释放更多的农业劳动力。第二产业数字化转型吸纳劳动力的潜力较大，制造业存在低交易费用、高固定资产占比、高技术密集度等特点，数字化改造难度大，且目前掌握相应数字知识和技能的工人占比较少，加大了转型难度。相比之下，交易费用高、固定资产占比低、技术密集度低的第三产业更容易进行数字化改造。与此同时，大数据、人工智能等技术与生活性服务业的结合，推动了养老

---
① 南开大学数字经济研究中心编写组.数字经济与中国[M].天津：南开大学出版社，2021：233.
② 南开大学数字经济研究中心编写组.数字经济与中国[M].天津：南开大学出版社，2021：233.

医疗、体育健康、教育培训等高端生活性服务业的发展，服务需求的大幅上升拉动了就业需求的增加。从行业层面来看，在服务业、工业和农业内部，数字经济在各行业的发展占比也有较大差异。

如表3-2-1所示，相比于以住宿、餐饮等行业为代表的生活性服务业，以金融、科技等行业为代表的生产性服务业数字经济占比更多，其原因可能是生产性服务业多为资本和技术密集型行业，ICT相关的资本和技术投入较多，对行业产出的带动效应明显。生活性服务业多为劳动密集型行业，在ICT相关的资本和技术投入虽然相对较少，但可能在带动就业方面起到更大的作用。相比于提供木材、铸件等消费资料的轻工业部门，提供生产资料的船舶、铁路等行业的重工业部门数字化转型更快。而农业领域各行业的数字经济占比都较低，农业数字化发展潜力较大。

表3-2-1　2017年三大产业各典型行业数字经济占比（单位：%）

服务业	数字经济占比	工业	数字经济占比	农业	数字经济占比
保险	49.30	输配电及控制设备	24.20	林产品	11.30
广播、电视、电影和影视录音制作	48.50	金属加工机械	21.30	渔产品	8.80
资本市场服务	42.90	船舶及相关装置	19.30	农产品	6.80
货币金融和其他金融服务	42.90	电池	16.30	畜牧产品	4.10
专业技术服务	42.40	铁路运输和城市轨道交通设备	15.70	—	—
公共管理和社会组织	40.50	物料搬运设备	13.40	—	—
邮政	37.70	汽车整车	10.70		
教育	35.30	化工、木材、非金属加工专用设备	10.60		
社会保障	34.40	钢、铁及其铸件	8.90		
租赁	33.20	炼焦产品	8.80		

资料来源：中国信息通信研究院，《中国数字经济发展与就业白皮书（2018年）》。

在就业的区域结构方面，一方面，数字经济伴随技术的快速革新和生产成本的下降，会促进产业的区域转移，劳动力区域结构随之调整。从全球视角看，发达国家通常拥有更具优势的数字经济发展基础和创新能力，与中低收入国家互联网普及率还处于较低水平形成鲜明对比。除此之外，中低收入国家以往存在的优势主要是劳动力成本低廉，这一优势可能会因人工智能等技术的广泛应用而被削弱。因此从整体上看，在数字经济的背景下，优势产业会由中低收入国家向发达国家转移，由欠发达地区向发达地区转移，成为劳动力跨国、跨地区流动的动力。另一方面，发展中国家以往承担着全球人力资源库的角色，拥有多层次的劳动力资源，但是移民壁垒的存在阻碍了劳动力向发达国家和地区的流动。智能互联技术的广泛应用和平台经济的快速发展，使中低收入国家的劳动者不必移民即可进入发达国家和地区的劳动力市场，为劳动力流向发达国家和地区提供了高效便捷的条件。

在就业的技能结构方面，一方面，知识和信息是数字经济时代的关键生产要素。对就业者而言，数字技能成为与听、说、读、写同等重要的基本能力。2011年，欧盟委员会提出数字技能的概念定义，它是指能熟练运用信息通信技术进行搜索和存储等工作，并能进行信息的制作与交流，既包括利用信息技术进行涉及工作、生活、学习等方面的活动，也包括能通过网络参与交流与合作。目前劳动力市场存在的突出问题是供求不匹配，即数字经济快速发展对高数字技能人才的需求与具备数字技能的人才短缺之间存在矛盾，表现为数字顶尖人才、数字技术与行业经验结合的人才供不应求和初级技能数字人才培养难以满足不断增长的需求。《中国经济的数字化转型：人才与就业》把数字人才分为数字战略管理、深度分析、产品研发、先进制造、数字化运营和数字营销六大类。从事产品研发的数字人才占比高达87.5%，具有压倒性优势，从事数字化运营的人才占比约7%，而从事先进制造和数字营销的人才占比不到1%。[①] 目前大数据、商业智能等领域飞速发展，但还存在着巨大的人才缺口。另一方面，劳动力可以根据技能标准被划分为高技能、中等技能和低技能三个层次，就业的技能结构会随数字经济的发展而变化。数字经济发展过程中会有两类技术进步，即技能退化型技术进步（deskilling-biased progress）与技能偏好型技术进步（skill-biased technical progress）。这两类技术中，前者会提高低技能劳动力需求量，而后者会提高高技能劳动力需求量。这两项技术进步都会带来就业岗位两极分化的问题，也就是高技能和低技能岗位就业比重增加，且中等技能岗位就业率有所降低，中等技能岗位将会逐步脱离直至消失在

---

① 中国科学院科技战略咨询研究院课题组.产业数字化转型：战略与实践[M].北京：机械工业出版社，2020：62.

劳动力市场中。世界银行也在《2016年世界发展报告：数字红利》中指出，未来全球劳动力市场变化趋势之一是就业的技能结构趋向两极化。[1]

3. 就业形式

网络信息技术、互联网平台等打破了传统组织边界，降低了个体进入经济的壁垒，个体不必进入传统意义上的企业就可以从事经济活动，自主创业、自由职业、兼职就业等灵活就业形式快速兴起。2016年麦肯锡全球研究院发布的《独立工作：选择、必要性和零工经济》中指出，欧美地区的从事某种灵活职业的人口多达1.62亿，占工龄人口总数的两到三成。[2] 世界经济论坛在2018年发布的《2018未来就业》中预测，今后的工作无论是从内容还是地点，抑或是形式都将发生翻天覆地的变化，[3] 若能够借助平台完成"按需聚散"的价值实现，公司会倾向于选择临时工、自由职业者或专业承包商，稳定的全职工作机会将越来越少。

与传统雇佣就业相比，灵活就业者决策权更大，工作地点、工作时间、工作内容等具有较大弹性；并且劳动关系不再是长期、稳定的雇佣关系，而是兼职、市场交易或合作关系，关系短期化，这也意味着灵活就业者要承担更大的风险。

与传统灵活就业相比，数字经济背景下的灵活就业者依托技术和平台，跳出了只能依靠个人力量在本地边缘领域就业的局限，灵活就业从一种被迫选择日益成为劳动者的自主选择。同时，灵活就业覆盖的范围从传统的商贸流通领域扩展到快递、共享经济等多样化领域。灵活就业者中高学历人群的占比显著提高，尤其是在知识付费领域，而传统灵活就业者大多为低教育及低技能人群。

（二）数字经济就业规模的度量

数字经济带来众多有利影响的同时，也伴随着一些不利影响，受到广泛关注的问题之一是数字经济对现有就业岗位的替代。替代效应会导致现有的某些就业人员失业，如智能机器人的广泛应用可能会导致劳动密集型、工作重复性高的工

---

[1] 世界银行.2016年世界发展报告：数字红利[M].胡光宇，等译.北京：清华大学出版社，2017：112.

[2] 中国社会科学院.2019年1月3日,《人口与劳动绿皮书：中国人口与劳动问题报告No.19》发布会[EB/OL].（2019-01-07）[2022-11-20].http://iple.ssn.cn/xshd_46047/201901/t20190107_4807400.shtml.

[3] 赵世俊，周卓行，夏晓鸥.高中生生涯规划与发展[M].南京：江苏科学技术出版社，2019：27.

人失业；电子商务的低固定成本等优势会对实体店造成冲击，而关闭实体店的同时意味着这部分终端零售人员面临失业。部分权威机构做出了就业替代的相关预测，世界银行在《2016年世界发展报告：数字红利》中预测，未来中国和印度分别有55%~77%和43%~69%的就业岗位容易因技能含量低而被取代，而经济合作与发展组织国家就业岗位的替代比例高达57%。① 在《2019年世界发展报告：工作性质的变革》中，世界银行估计美国47%的职业面临着因自动化而被取代的风险。② 这些数据直观且有力地描述了数字经济给就业市场带来的巨大冲击，但问题也随之产生，有许多机构都做出了相关数据披露及预测，而各个机构测度方法尚不统一，数据之间的可比性较弱。在数字经济领域的测度方面，存在的一个主要问题是目前还未形成统一接受的数字经济定义。具体到测算及预测数字经济就业规模时，各机构也受数字经济定义内涵的影响，采取差异化的测算方法。

经济合作与发展组织（OECD）发布的报告中称，在平均水平上，2013年OECD国家ICT相关职业占全部就业的比重约为3.5%，占比最高和最低的国家分别为芬兰和土耳其，占比分别为6%和1%，且国家间的差异主要来源于劳动力中专业人员和工程师的占比不同。③ 从ICT产业细分来看，自2000年以来，ICT制造、出版和电信服务的就业份额在所有OECD国家中都有所下降，而IT和其他信息技术服务的就业份额呈上升趋势。

根据发布的数据，OECD关注的数字经济就业规模主要为ICT相关职业就业人数占总就业人数的比重，相应需要有较为明确的ICT相关职业的界定。ICT相关职业涵盖信息通信技术系统的开发、维护和运行，以及以信息通信技术为主要部分的职业。根据最新版的《国际标准职业分类（ISCO-08）》，这一定义具体包括小群体（minor groups）、"133"（信息通信技术服务管理人员）、"215"（电子技术工程师）和"742"（电子和电信安装和修理人员），除此之外还有次要群体（Sub-major Groups）、"25"（信息和通信技术专家）和"35"（信息和通信技术人员）。

---

① 世界银行.2016年世界发展报告：数字红利[M].胡光宇，等译.北京：清华大学出版社，2017：15.
② 世界银行.2019年世界发展报告：工作性质的变革[EB/OL].（2020-09-21）[2022-11-20].https://www.doc88.com/p-60999055179668.html.
③ 南开大学数字经济研究中心编写组.数字经济与中国[M].天津：南开大学出版社，2021：236.

BCG（波士顿咨询公司）发布的《迈向2035：4亿数字经济就业的未来》中测算，2015年，中国数字经济总体规模近1.4万亿美元，数字经济渗透率达到13%，共有1.13亿人从事与其相关的职业。并对其后的20年进行了预测，数字经济会持续繁荣，到2035年中国数字经济的总体规模将达到近16万亿美元，数字经济渗透率48%，就业人数达到4.15亿（如图3-2-2所示）[①]。

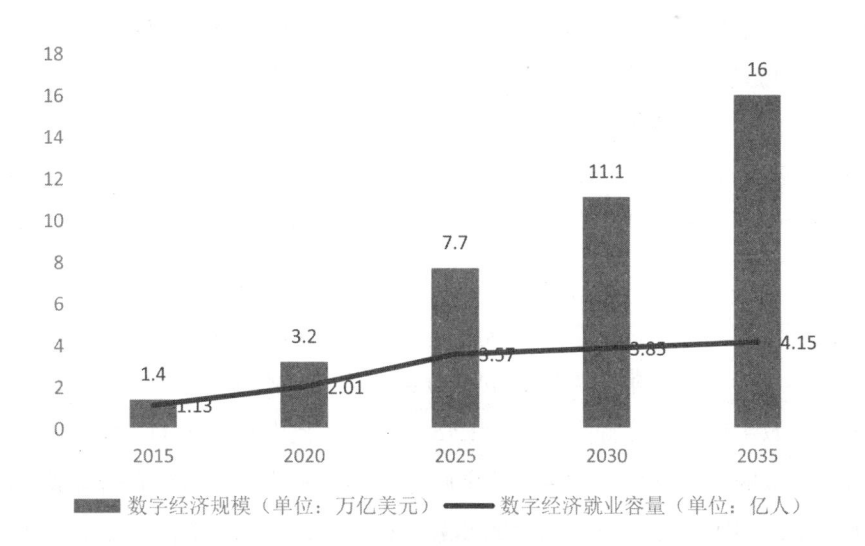

图 3-2-2　2015—2035 年数字经济及就业发展

资料来源：波士顿咨询公司，《迈向 2035：4 亿数字经济就业的未来》。

BCG 采用的是 e-GDP 方法，该方法 2011 年首次在 G20 峰会上提出，并根据数字经济发展持续进行修正。简单来说，该方法是将数字经济整体规模通过相应指标量化为货币价值，采用支出法评估所有与数字设备创造生产、服务提供和应用相关的活动。与 GDP 的支出法核算类似，e-GDP 主要包括消费支出、个人 ICT 投资支出、政府 ICT 支出、ICT 设备出口净值四大部分，并且根据实际情况考虑数字经济的其他形态，如淘宝为代表的个人与个人之间的电子商务（C2C）。

具体地说，消费支出指的是个体通过互联网购买的所有的货物或者劳务。比如，接入互联网的月租费、采购的手机、电脑等硬件设备和软件产品费用。个人 ICT 投资成本有两个方面，一是各电信公司资本支出，二是跟互联网有关的 ICT 的私人投资总额。政府 ICT 支出也是由两个组成部分组成，一部分为政府在 ICT

---

① 波士顿咨询公司. 迈向 2035：4 亿数字经济就业的未来 [J]. 科技中国，2017（04）：20-26.

基础设施建设方面的公共开支，另一部分是用于基础设施建设的软件和服务费用。ICT 支出也是由两个组成部分组成，一部分为政府在 ICT 基础设施建设方面的公共开支，另一部分是用于基础设施建设的软件和服务的支出。ICT 设备出口净值就是指与 ICT 有关的全部货物、设备和服务的出口值和进口值之差。以 e-GDP 指标测度数字经济规模之后，BCG 采用了两种更强的假设条件，并以此为前提进行预测，首先，假定 e-GDP 的所有行业的劳动人口产出率都一样，其次，假定 2015 年以后劳动人口产出率年平均增长速率最大。在上述两大假设基础上，测算了数字经济驱动下就业规模，其计算公式表示为：数字经济总就业能力 = 数字经济规模 / 劳动人口产出率。

中国信息通信研究院公布的数据表明，中国数字经济领域在 2018 年时，就业岗位为 1.91 亿个，接近全年就业总人数的 1/5。鉴于总就业人数比上年减少 0.07% 这一实际情况，数字经济领域就业岗位比上年增长 11.5%，能达到两位数高速增长。这当中，仅数字产业化的部分就业岗位就有 1220 万个，比上年增长 9.4%，产业数字化的部分就业岗位达 1.78 亿个人，比上年增长 11.6%[①]。

数字经济的规模测算，主要由数字产业化与产业数字化两个方面构成，两者测算方法有所不同。数字产业化的规模衡量比较简单，就是把信息通信产业以下各部门增加值在国民经济统计体系内直接相加，包括电子信息设备制造、租赁与销售、电子信息传输服务、计算机服务及软件业，以及在数字技术快速发展的大环境下衍生出来的云计算、物联网、互联网金融、大数据等新兴行业。数字产业化的规模主要集中于 ICT 产品与服务同传统产业及其他领域整合所导致的产出增长和效益提高，测算较为繁杂，其主旨在于将数字技术在不同传统产业所做贡献的部分分离出来，然后使用增长核算账户框架（KLEMS）汇总相加。具体做法是，把整个国民经济划分为 139 个不同的行业，以各省为单位，测算 ICT 资本存量、非 ICT 资本存量、劳动和中间投入，利用数理模型对增长核算账户及分行业 ICT 资本存量进行了相应假设下的测度。同样，数字经济带动的就业也分为两部分，分别是数字产业化带动就业和产业数字化带动就业。数字产业化对就业的拉动是以信息通信产业的就业人数为测度的。产业数字化拉动就业，即在传统行业内进行数字化转型的群体，该部分无直接统计数据，需依据行业产出、产业的劳

---

① 南开大学数字经济研究中心编写组. 数字经济与中国 [M]. 天津：南开大学出版社，2021.

动生产率与就业人数进行计算，具体计算公式如下：产业数字化促进就业＝产业数字化规模/产业整体平均劳动生产率。

综合以上测度方法，结合现在数字经济与各行业广泛融合的发展背景，采用广义定义所测算的数字经济就业规模在涵盖范围上相对于其他定义更有优势，有利于刻画数字经济与实体经济融合程度，更好地反映数字经济催生新业态的影响。第一，广义定义更加全面合理。核心和狭义定义无法反映数字经济对传统产业的渗透效应，而忽视数字经济与一、二、三产业的融合发展会造成测算结果偏低，可能与数字经济飞速发展的实际情况相悖。第二，在核心和狭义定义中关于"核心"和"数字部门"存在较大争议，而广义定义在起始就考虑数字经济带来的直接和间接影响，有利于保持测算的跨期可比性和可持续性。第三，广义定义由于范围较广，相比之下测算较为复杂，但关于衡量新型技术对经济的直接和间接影响已有一定的研究基础，在广义定义下的测算方法会更加完善和标准化。

二、数字经济对劳动力市场的影响

（一）数字经济对劳动力供求规模的影响

数字经济在劳动力需求规模方面的作用和过去的技术进步具有相似性，学者对技术进步就业效应进行了探讨，将其分为替代效应与创造效应两大类。因此，探讨数字经济如何影响劳动力规模时，也可从上述两个角度进行划分。但是不一样的是，数字经济以过去的技术进步为基础，对劳动力规模产生补偿效应，进而带来更多元化的影响（图3-2-3）。

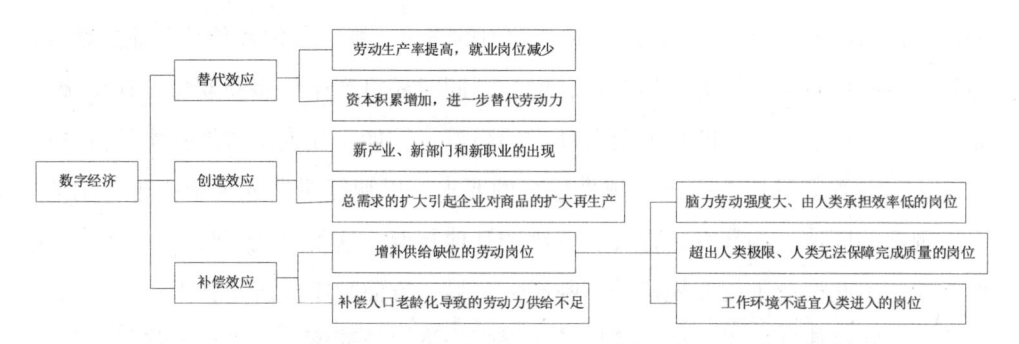

图 3-2-3　数字经济对劳动力供求规模的影响

1. 数字经济对劳动力供求规模的替代效应

学术界认为，基于人工智能、物联网、大数据的新一代的科学技术发展，也可以说是人类的第四次工业革命。在历史上，每次工业革命都引发了经济的大变革，并带来产业部门和就业岗位的更新换代。人工智能作为数字经济的重要组成部分，它的替代效应比以往技术革命的影响都要明显。

数字经济对劳动力需求的替代效应主要来源于两方面：劳动生产率和资本生产率。一方面，大数据、云计算、人工智能、物联网技术和其他技术应用于产业中，可以提升劳动生产率，在一定的生产规模下，就业岗位却越来越少，减少了对劳动力的需求；另一方面得益于数字经济对生产率的促进作用，提高了劳动效率，由此使得某一产业资本积累得以提高，为新技术的引进奠定了经济基础，如此周而复始，将导致劳动力需求规模进一步缩小。关于岗位替代的发展趋势，以技术性失业为代表的传统观点仍然有着很强的声音。部分技术性失业的支持者认为人工智能将在可预期的时间内取代大部分人的工作，并将带来对就业预期和收入分配的负面影响。也有学者持不同观点，认为工作被自动化的风险并不意味着实际的工作损失。有的学者的观点较为折中，认为从长远来看，技术进步对大家都有益，但从短期考虑，并非所有人都会受益。

2. 数字经济对劳动力供求规模的创造效应

尽管数字经济对劳动力的需求具有替代效应，致使一些劳动者处于待业状态，但它的作用并非完全是负面的，从长远看，数字经济技术还将创造劳动力需求。一方面是大数据和云计算、数字经济和物联网这类新兴技术自身的发展、普及与应用均将直接为就业岗位增长带来积极影响，数字经济将促进新产业的发展，新部门、新职业应运而生，这会增加对劳动力的需求。数字经济和传统产业的融合，尽管一些职位将会被智能机器取代，但是，同时还将产生许多新职位，在传统产业转型升级进程中，不断扩大对劳动力的需求。比如，在人工智能技术日益发达的今天，对智能机器人提出了越来越高的要求，以智能机器人为中心进行制造，将出现新的职位，如开发、设计、营销和其他行业，这类行业将吸引一大批专业性人才，由此推动了就业规模的不断扩大。另一方面数字经济是技术进步中的一个环节，它将使劳动生产率迅速增长，提高经济增长速度。经济增长将导致劳动者工资普遍提高，继而提高社会的整体消费，也就是扩大总需求。总需求的膨胀，又导致了企业扩大商品再生产，从而增加雇佣规模。另外，在数字经济持续实现新突破的今天，数字化可以极大的提高人效，使得各个产业都能提高管理效率，同时还会导致劳动力需求膨胀。

自动化减少了就业，但也通过产生新工作任务而派生了新就业机会，其创造的职位包括两个方面：一方面，人工智能应用推动业务量导致劳动力需求增长；另一方面是以人工智能为中心衍生出来的新型职位。依托互联网高效配置信息，能够克服时间和空间的限制，让更多的人参与其中，带来新的就业岗位。此外，还有一种观点认为以数字经济为基础的新就业形态，不仅可以创造更多的工作岗位，也将增加弱势群体的就业机会。人工智能等新技术进步对就业总量的影响具有拓展性，并有利于改善工作质量。

3. 数字经济对劳动力供求规模的补偿效应

不同于传统的技术进步，数字经济对劳动力供求规模存有补偿效应。

一方面，人工智能可以弥补很多供给缺失的劳动岗位，使经济链条变得完整，可以对劳动力供给数量进行一定补偿。这类供给短缺劳动岗位主要有下列几种类型：第一，脑力劳动的强度高，由人来做效率低的职务，如对监控图像进行扫描识别；第二，超越了人的感官与反应极限，人不能保证完成品质的职务，如精密仪器检验检测；工作环境不宜人类劳动者从事的职务，如深空航天探索。这些岗位如果在数字化过程中实现了智能化和自动化，其对劳动力的需求将会降低，劳动力供给短缺的问题将得到有效缓解。

另一方面，数字经济能够补偿人口老龄化导致的劳动力供给不足。当前，全球人口增长速度放缓的同时老龄化程度也在迅速加深，劳动力短缺即将成为全球经济社会发展共同面临的难题。随着人口老龄化的加剧，未来劳动力供给规模将进一步缩小。而学校教育水平提高和职业教育的增强改变了劳动力的技能结构，劳动者更倾向于选择技能要求更高、工资水平更高的就业岗位，这将带来低技能岗位劳动力供给不足。但是在数字经济背景下，传统的劳动力市场半径得到极大扩展，对劳动者有更大的包容性，新就业形态的出现使得劳动力能够获得更加灵活、公平的就业机会，在一定程度上提高了劳动参与率。借助诱导式创新，可以实现对劳动力的补位式替代，从而弥补劳动力供给规模的不足，补偿老龄化带来的劳动力市场结构失衡。

（二）数字经济对劳动力供求结构的影响

在数字经济背景下，劳动力市场的结构将发生深刻的变革。从企业的角度来看，随着产业部门的转型升级，劳动力将在三次产业间重新分配，新兴技术的快速发展也提高了对劳动力技能的要求。而从劳动力本身来看，随着就业形态的创新，劳动力市场的进入门槛降低，许多非劳动力进入劳动力市场，这将极大地提升劳动参与率。

1. 数字经济对劳动力产业结构的影响

随着大数据、云计算、人工智能及物联网等技术的广泛应用，高技术服务业快速发展，产业结构转型升级带来了劳动力产业分布的变化。人工智能替代效应的影响，将会逐渐从制造业向服务业领域迁移。美国劳工统计局调查表明，到2024年，几乎全部新的就业机会都将以服务业为主，特别在医疗保健及社会援助服务方面。在第一产业方面，人工智能技术会转变农民生产劳作的习惯与方式，并强化与市场的联系。目前的自动化和机器人可以实现从作物选择、播种、灾害预防等直到作物收获，即整个农业生产流程的人机合作。现阶段智能、数字技术变革的速度和范围有利于包容性的农业和农村发展，真正实现农民与市场在每个生产环节上的密切联系，并可以通过提供更高水平的教育、卫生保健、金融和市场服务等间接提高农民收入。

在第二产业方面，数字经济的发展对制造业劳动力需求的影响显著，这不仅由于制造业本身容易受工业机器人和自动化的影响，还因为制造业吸纳了大量普通劳动力，其劳动力分布与农业、服务业相比也更为集中。一些学者发现工业机器人的大规模应用与就业、工资呈显著的负相关关系，并提出现阶段工业机器人对劳动力市场的替代效应大于其创造效应。

在第三产业方面，除了承接来自制造业的劳动者外，还有一些研究发现服务业的很多劳动者都存在被计算机化替代的风险。从事电话销售、保险承销、运输服务、摄影、数据维护等职业的劳动者被视为极有可能被计算机化替代的群体，但人工智能的创造效应也促使一部分职业的劳动力需求有所上升，增长最快的是幼儿（及小学）教师、会计与财务人员、护士、健康顾问、康复师和社会资讯类工作者等。

国内学者也研究了数字经济对中国产业结构的影响。夏炎等基于投入占用产出模型测算，发现数字经济对第二产业就业影响效应逐年提升，数字经济带来的制造业就业主要集中在 ICT 产业（占比 35.9%），数字经济带来的第三产业就业则主要集中在批发零售和商务服务业；同时，数字经济大幅影响了技术密集型制造业和生产性服务业的就业规模，而由于生产性服务业与制造业之间存在紧密的联系，也解释了发展数字经济能够更大限度地发挥制造业和服务业对就业的双重吸纳作用[①]。

2. 数字经济对劳动力技能结构的影响

在新兴技术迅猛发展的背景下，产业结构不断提升，需要一批高素质、高技能的劳动力。同时，伴随服务业规模不断扩大，对低技能劳动力要求也增加了。人工智能技术的快速发展，对于职位的冲击突出体现在中等收入群体上，中等技能需求岗位减少，高收入脑力劳动岗位（认知工作）与低收入体力劳动岗位都有增加，劳动力市场已经呈现出两极分化态势，并且影响到劳动者就业选择。

在新兴技术蓬勃发展的今天，企业组织亦出现改变，从而间接地影响劳动力对技能的要求。更全面的数据库，更方便的信息获取渠道，使劳动者可以摆脱个别生产步骤掌控生产全过程的运行，如采用自动化机器、程序化流程，还要求劳动者具备较强的分析问题，解决问题的能力；组织结构的进步还使管理人员的沟通任务增加，企业更要求劳动者具备电脑欠缺的人际交往能力，适应新型组织架构与生产方式，对认知能力的要求亦高于过去固定生产作业的要求，要求人员灵活性强，自我管理能力强，同时也提高了对劳动者技能的要求。高技能劳动者则要更加善于应对日益增加的不确定性，还要擅长交际，以减少信息重复的现象。

同时，人工智能也深刻影响着制造业内部的生产模式与生产系统，并改变着企业对这些生产系统中劳动者的技能需求。梳理历次工业革命的生产系统变化可知，与第二次工业革命创造的流水线、丰田生产体系（TPS）及单元式制造相比，第三次工业革命催生的以计算机化和工业机器人为软、硬件基础的柔性制造系统（FMS）和 Seru 生产系统更能满足工业 4.0 模式条件下产品市场对大规模定制的需求。这不仅会改变未来制造业发展的格局，还对未来劳动者的技能有更高的要求。

[①] 夏炎，王会娟，张凤，等.数字经济对中国经济增长和非农就业影响研究——基于投入占用产出模型[J].中国科学院院刊，2018, 33（07）: 707–716.

3. 数字经济对劳动力年龄结构的影响

随着数字经济的发展、新就业形态的不断涌现，工作时间、工作地点、岗位进入和退出的灵活性将会降低对劳动力年龄的限制，使更多人进入劳动力市场，从而带动劳动参与率的提高，并在一定程度上缓解老龄化带来的劳动力短缺问题。

一方面，由于年轻人和少年儿童好奇心更强，他们更容易接纳新兴事物，可以依托互联网平台、利用碎片化的时间进入劳动力市场，通过直播等形式开展灵活就业。一些学者在考察网络求职对劳动者工资水平的影响过程中，提出使用网络求职这一方式的可能更多的是年轻、受教育程度高的劳动者的观点。夏炎等基于投入占用产出模型测算，发现数字经济影响的就业呈现年轻化特征，16～34岁的非农就业群体是数字经济拉动的主体，特别是25～29岁年龄段，34岁以上非农就业人群在数字经济的就业效应中占比逐渐提升，尤其是40～49岁人群。[①] 这体现了中年人群对数字经济的接纳能力在提高，也体现了数字经济的多方面渗透和融合作用逐步加深。

另一方面，数字经济对老年人再就业也有积极的促进作用。老年人再就业是促进积极老龄化的重要举措，也是老有所为的具体表现。在我国，退休后仍富有余力从事社会生产生活的老年人不在少数，有丰富工作经验和身体素质较好的老年人理应被社会尊重、重视，甚至重新走上工作岗位。然而中国劳动统计年鉴数据显示，2015年我国城市60岁以上退休老年人再就业比例为9.18%，2005年这一比例是9.7%，而同时期日本的老年人再就业比例高达60%以上，这说明当前我国退休人员的再就业比例不高，在一定程度上增加了社会养老负担[②]。但是，随着数字经济的发展，劳动力市场对年龄的限制放宽，退休人员特别是有余力的低龄老人可以依托互联网平台，以多元化的形式进行再就业，更好地实现个人的价值，也有利于降低整个社会的养老负担。

4. 数字经济对劳动力性别结构的影响

数字经济对劳动力市场的影响存在性别差异。一方面，由于传统观念以及女性在家务劳动方面的比较优势，致使更多的家务劳动由女性承担，女性需要花费

---

① 夏炎，王会娟，张凤，等.数字经济对中国经济增长和非农就业影响研究——基于投入占用产出模型[J].中国科学院院刊，2018，33（07）：707-716.

② 彭求实，张畅，曾庆森.城市低龄退休老年人再就业现状——以北京市老年交通协管员为例[J].环渤海经济瞭望，2019（06）：12-14.

大量的时间，从而将部分女性排除在劳动力市场之外。尤其是婚姻以及生育对劳动力供给的影响往往在女性群体中更为显著，使更多女性成为全职妈妈。而在数字经济背景下，网络购物、网上外卖以及网上支付各种账单等互联网使用行为能够减少家务劳动的时间，使女性有更多的精力投入工作中，提高女性的劳动参与率。另一方面，由于我国劳动力市场上存在不同程度的性别歧视问题，导致女性就业不足、劳动参与率较低。数字经济的发展降低了创业的门槛，社会上出现了各种形式的灵活就业，这些新兴的就业形式往往对性别并无特殊要求，甚至在某些行业，如网络直播等行业，女性劳动者更具有优势。因此，在数字经济背景下能够避免或者减轻女性劳动者所面临的性别歧视，从而提高女性的劳动参与率。标准化的生产服务流程与电脑系统的普遍化使用，使得一名从业者即使中断工作，其他同行也能无缝接入该项工作，同时不会导致生产率的明显下降。这使得女性即使承担生育孩子的压力，也可以借助技术手段灵活安排自己的工作时间，让自己留在劳动力市场上。

数字经济对女性就业影响的另一个重要途径是教育。技术进步往往会提高女性入学率，提高女性的受教育程度，而女性受教育程度的提高是其参与劳动力市场的主要影响因素。家庭生产技术的进步会导致对女孩人力资本投资的增加，最终导致女性劳动市场参与率的上升。宁光杰和马俊龙使用 CFPS 2014 年度调查数据分析互联网使用对女性劳动供给的影响，发现互联网的使用能够提高小学学历和初中学历女性群体的劳动参与率，并降低女性务农概率，提高其成为自我雇佣者以及工资获得者的概率；同时，互联网的使用显著减少了女性参与家务劳动的时间，并通过网络学习、商业活动提高其人力资本水平，这是提高女性劳动参与率的重要因素[①]。

此外，在自动化技术进步引起工作任务的供求结构发生变化的同时，也自然会引起不同性别就业结构的变化。技术进步对女性就业和不同性别工资差距产生了重大影响，女性相对男性在非程序化工作中具有优势。因此，由技术进步引起的工作任务的相对变化，是性别间工资差距不断缩小的重要原因。

---

① 宁光杰，马俊龙.互联网使用对女性劳动供给的影响[J].社会科学战线，2018（02）：75-83.

（三）数字经济下的就业形态创新

"新就业形态"这一概念最早出现于党的十八届五中全会公报上，但是，新就业形态究竟是什么意思还不清楚。张成刚站在生产关系立场上提出，随着互联网技术进步和大众消费升级，新就业形态应运而生，它是一种去雇主化的，背离传统正规就业的，以信息技术提升为辅助手段的灵活就业模式[①]。有观点认为，新就业形态是传统产业在互联网条件下延伸而产生的、尚未完全转化成独立新形态的就业形态。也有人认为，新的就业形态是以互联网技术为支撑，结合传统产业而派生出来的一种新的灵活就业模式。此类界定均强调了新就业形态对互联网技术的依赖，其呈现出与传统就业形态完全不同的特征。其"新"，主要体现为就业领域新颖、技术手段新颖、就业方式新颖以及就业观念新颖等方面。在数字经济背景下，随着大众消费的升级、互联网技术的广泛应用以及"大众创业、万众创新"为代表的制度改革，我国市场上已经出现了形式各异、类型丰富的新就业形态，概括起来，主要有以下几个类别。

1. 数字经济下的灵活就业

以互联网新业态平台为代表的就业场景，使得就业变得更加灵活，这种灵活性主要表现在以下几个方面。一是工作时间更加灵活，在互联网新业态平台上，劳动者可以利用碎片化时间提供服务，自由选择登录平台 App 的时间，自主决定服务时间长短；二是工作场所更加灵活，在互联网新业态平台发展背景下，劳动者一般不在企业固定场所办公，只要有一台互联网终端就能开展工作，这使得工作区域的选择更具灵活性；三是入职更灵活，以互联网新业态为平台，多数企业没有限制劳动者通过其他平台渠道同步提供劳务服务，一般也不会考察其是否与其他平台或企业存在劳动关系，只需符合有关技能与服务基本要求便能和某平台达成服务协议，这极大降低了进入门槛；四是退出机制更为灵活，在互联网新业态平台发展背景下，劳动者对企业组织依附性较弱，其流动更为自由，离开互联网新业态平台无须提前告知或征得同意，一般只要不登录 App 程序或卸载 App 即可。

---

① 张成刚.就业发展的未来趋势——新就业形态的概念及影响分析[J].中国人力资源开发，2016（19）：86-91.

2.数字经济下的自主就业

在数字经济背景下,劳动力市场上出现了大量的自由职业者和多重职业者,劳动者就业的自主性得到了很大的提升。自由职业者按其工作机会的来源,可分为三类:一是依靠某一专业领域、细分市场自由职业者,这种就业人员的智力普遍较高、技术水平高,业内资源较为丰富,工作条件好,收入水平比较高;二是依靠分享经济平台的自由职业者,主要分为服务众包就业与按需服务就业两种类型,他们从工厂、企业的束缚中解放出来,借助于虚拟平台,即可连接劳动力市场,发现适合自己的职位,实现供求高效率的对接,在市场上实现个人价值;三是依靠社群经济的自由职业者,也就是在一个以兴趣、职业为主的圈子中,借助社群成员之间的相互信任,实现就业信息共享的一种就业模式。多重职业者是指非单一的就业者,按所涉及职业的多寡及主次可分为两种情况:一是兼职者,多指有主职工作,但也利用线上平台或其他渠道获得第二份工作的人;还有一种情况,就是选择了有多种身份、多重职业、多元生活的人,我们形象地称之为"斜杠青年",在他们多重职业里,并无明显主次之分,往往处于多种工作机会中,甚至处于就业者与创业者的身份互换中。

随着自由职业者和多重职业者占比上升,市场对高技能劳动力的需求逐渐增加。拥有一定知识、技术的高技能人才随身携带知识技能资本,能够获得更加自由的工作环境,表达自己的观点,达成自我价值追求。但有些低技术工作仍有很大需求,就业市场上出现了技能需求两极化现象。对于技能掌握程度低甚至无技能人群来说,在互联网就业平台中,也可以实现自由选择,他们可自行决定是否接受工作,正是因为职位入职和退出十分灵活,平台亦无法起到监管和强制作用,因此劳动者流动性强。

3.数字经济下的创新创业

数字经济给企业创业带来更宽广的空间,效率更好的方式,甚至模糊了就业与创业之间的边界,催生出一大批自找项目和资金、自主经营、自担风险的以创业代替就业的形式。这一就业新形态,主要有互联网平台创业与创新式就业两种。互联网创业中,网店是最具代表性的方式。因其创业技术、资金、物流所需成本都很低,到互联网平台上创业,成了年轻人的第一选择,同时它还是就业的首要选择。创新式就业是指机会型创业,这是一种追求创意与创新的就业模式,创业群体所创造的事业正在孕育之中，没有工商注册登记，也被称为"创客"群体。创新式就业开展的各项活动富有创新性、引领性，就业地点以各种创业孵化空间、孵化平台为主，在一些企业内，以企业平台为载体的创业就业模式也应运而生。比如，海尔海创汇、腾讯众创空间等。面对数以亿计的消费者，我们国家的创新创业具有无限可能性。就创新创业这一群体而言，不仅仅有众多的大学生，还有不少农村青年以及残疾人这样的困难群体，有利于提升我国的就业率。在我国"大众创业、万众创新"战略的推动下，将来创新创业前景将更为广阔，值得期待。

三、数字经济环境下我国劳动力市场的发展与变化

（一）数字经济环境下我国的就业状况

数字经济的快速发展，不仅创造了大量就业机会，也引发了我国就业结构的深刻变革，催生出灵活弹性的就业新形态。下面分别从就业规模、就业结构、就业方式以及产业和区域就业的差异化四个角度来讨论数字经济背景下我国的就业状况。

1. 就业规模逐渐扩大

中国信息通信研究院《中国数字经济发展与就业白皮书（2019年）》显示，2018年我国数字经济整体规模已经达到31.3万亿元，按可比口径计算，名义增长20.9%。而且数字经济吸纳就业能力显著提升，2018年我国数字经济领域就业岗位为1.91亿个，占当年总就业人数的24.6%，同比增长11.5%，显著高于同期全国总就业规模增速[1]。当前数字经济发展迅速，根据波士顿咨询公司2019年给出的报告称，预计到2035年我国数字经济规模将会达到16万亿美元，容纳就业人数4.15亿人[2]。

与此同时，与就业扩大相匹配的是我国数字经济的飞速发展。2017年第三季度，我国数字经济代表性种类的信息传输、计算机服务和软件业增加值占GDP比重已由2011年的2.1%升至3.6%。2017年我国生产设备数字化率为44.8%，关键工序数控化率为46.4%，数字化设备联网率为39%。企业资源管理（ERP）、

---

[1] 丁艺. 我国数字经济新常态发展现状与思考[J]. 互联网经济，2019（08）：29-35.
[2] 波士顿咨询：2035年中国数字经济将创造4亿就业岗位[J]. 通信世界. 2017（03）：7.

产品全生命周期管理（PLM）、制造执行系统（MES）普及率分别达到55.9%、16.4%、20.7%[1]。根据相关研究显示，数字经济对就业的净影响为正，在GDP增长率一定的情况下，数字经济每增长1个百分点，将带动就业增长0.01%，但存在一年滞后。鉴于数字经济的平均增长率为10%，其对就业增长的贡献为0.1个百分点[2]。过去几年内总体就业增长为0.2~0.3个百分点，因此数字经济贡献了三分之一到一半左右的总体就业增长。

从就业规模来看，数字经济释放的庞大就业市场潜力主要表现在两个方面：一是新旧动能转换创造出巨大就业空间，研究显示，数字经济每100个就业岗位，有72个为升级原有就业，28个为新增就业岗位；二是数字经济带来的灵活就业快速发展壮大，在就业中的比重快速增加[3]。数字经济充分发挥了就业的"稳定器"和"倍增器"的作用。

2.就业结构的变化

数字产业迅猛发展，致使原有就业结构进行了调整，传统的产业中许多重复性、低价值性职位不复存在。世界银行《2016年世界发展报告：数字红利》指出：未来，中国55%至77%就业岗位很容易因为技能含量较低而被替代。同样，2018年世界银行在发布的《2019年世界发展报告：工作性质的变革》中估计，美国47%的职业面临着被自动化取代的风险，时薪低于20美元的岗位被机器人取代的概率为83%，20~40美元之间的岗位被取代的概率为31%，而高于40美元的岗位被取代的概率为4%。[4]

人工智能技术的正向就业促进大于负向冲击。但是在我国现阶段发展中，尚未发现三大智能工具明显替代就业岗位的现象。少数几家以技术代替人工的商家当中，绝大多数被替代的员工被安排到另外的岗位，由于智能工具的应用而直接导致人员削减的现象较少。当前，软件和信息技术服务业、互联网行业的发展更加迅猛。信息消费、数字经济领域的投资、数字贸易及其他需求活力持续释放，

---

[1] 南开大学数字经济研究中心编写组.数字经济与中国[M].天津：南开大学出版社，2021.
[2] 益言（编译）张龙梅，Sally chen.中国数字经济：机遇与风险[J].中国货币市场，2019（06）：72-76.
[3] 中国社会科学院人口与劳动经济研究所.人口与劳动绿皮书：中国人口与劳动问题报告No.19[M].北京：社会科学文献出版社，2019.
[4] 南开大学数字经济研究中心编写组.数字经济与中国[M].天津：南开大学出版社，2021.

不断推进数字产业化的发展和就业的增长。

在产业就业结构方面，在数字经济不断向纵深发展的今天，第三产业就业比重会继续提高。数字化信息技术的广泛应用和深度发展会进一步促进农业向规模化、集约化发展，农业智能化水平和农业劳动生产率提高，随着机器人等新一代人工智能技术的推广，农业自动化将释放较多农业劳动力。比如，在大数据的帮助下，利用滴灌技术、无人机，能够更加准确、有效地进行施肥灌溉，从而节省大量的农业劳动力。第二产业中传统制造业的就业规模会不断下降。就第二产业数字经济的发展而言，也存在以下规律，资本密集型工业的数字化转型速度显著高于劳动密集型工业，重工业的数字化转型速度比轻工业要快。与此同时，数字经济对各个产业的渗透也越来越深入。我国各行业数字经济发展差异较大，服务业中数字经济占行业比重平均值为 32.6%，工业中数字经济占行业比重平均值为 17.2%，农业中数字经济占行业比重平均值为 6.5%，呈现出第三产业高于第二产业、第二产业高于第一产业的特征[①]。

近年来，中国工业机器人产量呈现上涨趋势，仅在 2018 年上半年，全国工业机器人累计产量 73 849.1 套，同比增长 23.9%[②]。智能机器设备的运用使得厂家能够更加从容地应对人工流失率高、交货周期短、安全问题多等多方面的挑战。从长远来看，新兴技术所带来的就业增加会远远高于被机器替代或者消失的传统岗位量。

3. 就业方式的多样化

数字经济时代，企业边界限模糊，企业组织的平台化已经成为数字经济最典型的特征之一。数字技术、互联网平台等突破传统，向组织服务转向，同时向个人提供市场、研发、生产等资源，减少了个人经济准入的障碍，个体不需要进入企业组织即可进行经济活动，就业形式越来越灵活。捆绑式雇佣关系被打破，劳动者的工作时间、地点、内容，以及服务期限更加弹性化。劳动者对就业创业有更大的自主选择权，也就是说数字经济催生了一大批新型就业方式。

数字经济孕育着灵活就业的全新格局——平台经济和共享经济，以及"众包""众创"等数字经济新模式，在催生传统雇佣型就业之余，也孕育着自主创

---

① 南开大学数字经济研究中心编写组. 数字经济与中国 [M]. 天津：南开大学出版社，2021.
② 南开大学数字经济研究中心编写组. 数字经济与中国 [M]. 天津：南开大学出版社，2021.

业、自由职业兼职等新型灵活就业模式。以目前国内的平台经济体阿里巴巴为例，如果以"获得收入机会"作为"就业机会"的测算口径，在过去的 2018 年，阿里巴巴创造了约 4082 万个就业机会，其中包括约 1558 万个交易型就业机会，约 2524 万个带动型就业机会[①]。

数字经济的影响，除了使就业方式更加灵活之外，更重要的是赋能就业方式。"赋能"是指利用平台大数据、云计算、人工智能的优势，为劳动者提供智能设备、交易支付、信息服务等基础工具，从而帮助劳动者更高效、更智能地完成工作。这也意味着劳动方式和就业方式的进一步变革。

4. 就业的产业和区域差异化

我国数字经济各行业所处的阶段不尽相同。第三产业数字化转型吸纳就业最多，约占数字经济就业人数的 65%；第二产业数字化转型吸纳就业潜力最大，第二产业数字化转型岗位占第二产业总就业人数的 23.7%。从行业细化来看，工业、服务业、农业数字经济占行业增加值比重分别为 18.3%、35.9% 和 7.3%[②]。

从劳动力转型和劳动力流动来看，第三产业劳动力数字化转型难度最小，第二产业劳动力数字化转型难度最大。经初步测算，2018 年第一产业数字化转型相关岗位约有 1928 万个，占第一产业总就业人数的 9.6%，占比提升约 2 个百分点；第二产业数字化转型岗位为 5221 万个，占第二产业总就业人数的 23.7%，占比提升约 1.4 个百分点；第三产业数字化转型就业岗位约 13 426 万个，占第三产业总就业人数的 37.2%，占比提升约 4 个百分点[③]。行业属性造成数字转型的难度不同：第三产业具有交易费用高、固定资产占比低、低技术密集度的特征，对其进行数字改造的难度相对较小，从行业从业者变成数字化技能从业者，角色切换更容易实现；第二产业具有交易费用低廉、固定资产所占比重大、高技术密集度的特征，导致对其进行数字改造困难，工业基础工艺方面的人才缺乏数字化、智能化的相关知识，因此转型比较困难。

我国各重点区域数字经济发展也处于不同的阶段。从总量来看，长三角地区最大，为 8.63 万亿元；从占比来看，珠三角地区最高，达到 44.3%；从增速来看，也是长三角地区最快，达到 18.3%。对于各省份来说，数字经济就业吸纳能力差

---

① 南开大学数字经济研究中心编写组. 数字经济与中国 [M]. 天津：南开大学出版社，2021.
② 南开大学数字经济研究中心编写组. 数字经济与中国 [M]. 天津：南开大学出版社，2021.
③ 南开大学数字经济研究中心编写组. 数字经济与中国 [M]. 天津：南开大学出版社，2021.

异较大。东部省份数字经济就业吸纳能力最高，2018年数字经济就业占各省市总就业比重排名前七位分别是上海、北京、天津、江苏、浙江、山东、广东，全部为东部省市，而中西部地区数字经济就业吸纳能力则相对靠后[①]。

同时，由于各区域的数字化程度不尽相同，会影响劳动力人口的流动。从流动人口数据来看，净流入人口显著增多的有北京、天津、山西、上海、浙江、广东等，净流出人口显著增多的有河北、安徽、江西、河南、广西、四川、贵州等。目前来看，净流入人口较多的地区仍然是通过密集型劳动产业和较好的经济基础吸引流动人口。基于较好的经济基础，这些地区的数字经济发展也是位于领先水平，这带来了更多的就业机会，但未来是否会带来更大规模的人口流动，或者根据区域比较优势吸引不同的流动劳动人口，定论还尚早。根据2019年中国新经济指数（New Economy Index）报告显示，各省之间数字经济的赶超效应显著增加，这表明数字经济在缩小各省差距方面的作用越来越突出。

长远来看，在数字经济发展迅速的今天，工业生产会从后发地区渐渐向科研水平较高，但是成本相对低廉的地方发展。在重构产业体系时，劳动力区域结构同时进行了调整。数字经济科研推动各相关行业的发展，继而拉动了相关区域GDP的增长，带动就业岗位增加，降低区域的总体失业率。在数字经济高度发展的区域，失业率将明显比其他区域低。

（二）数字经济背景下中国就业形态创新的案例分析

以互联网行业为主导的数字经济为创业和就业提供了较为有力的技术支撑，尤其是新业态和新模式不断涌现，催生了大量且广泛适应社会新需求的新岗位，成为我国创造就业的新主力军。数字经济作为我国经济发展中最为活跃的领域，与之相关的各类技术与商业模式的创新速度非常快。

数字技术一方面可以减少商业模式的交易成本，如人工、物理、信息处理成本等，另一方面可提高风险可控性。风险甄别以信息为依据，而大数据的出现，深刻地变革着搜集数据的方式，让数据得以高效处理，人工智能进一步提升了对海量数据的处理能力，云计算则极大地提升了大数据、人工智能等技术的工作效率，并且大大降低数据处理的成本。

---

① 南开大学数字经济研究中心编写组.数字经济与中国[M].天津：南开大学出版社，2021.

互联网和数字技术情境下的创业活动呈现出开放性、无边界性和强互动性等新特点。以大数据技术为例，新兴的创业公司可以通过出售数据和服务，为行业提供更专业的解决方案，这种新型创业正成为数字经济时代重要的商业模式。云计算等数字技术产生的 ICT 服务更有效地支撑了中小企业创业，为中小企业提供了进入全球市场和增加合作创新的机会。

成熟阶段的数字经济业态具有两个特点。首先是传统行业的互联网化。依托于网络零售等，几乎所有的生活服务都正在转向线上。如打车可使用网上呼叫软件，吃饭可以用"美团"点餐，甚至洗衣服、家政之类的生活服务也可以利用互联网来寻找。其次，以互联网为依托的创新层出不穷。"哈啰"单车，实现了共享出行，打破原有的单车"有桩"的形式，通过注重模式创新，给中国数字经济带来生机。

截至 2018 年 12 月 1 日，全球前五家"独角兽"企业中，我国三家数字企业——滴滴出行、小米、美团榜上有名，这预示着我国一批科技巨头企业正在不断成长，有可能会引领相关领域未来的全球发展趋势。下面分别以"美团模式""5G 移动通信技术"和"滴滴模式"三个案例，阐述数字经济下扩大互联网化行业带来的就业（横向拓展）、数字经济下拓深原有业务带来的就业（纵向深入）以及新模式新平台的诞生（立体构建），探讨数字经济背景下我国的就业形式和就业形态。

1. 美团模式：新模式促进就业

《生活服务平台就业生态体系与美团点评就业机会测算报告》显示，作为我国领先的生活服务电商平台，2018 年，美团平台共带动就业机会 1960 万个，其中线上劳务交易型（"骑手"）就业机会 270 万个，线上服务产品交易型就业机会 1277 万个，商户展示关联就业机会 407.4 万个，企业自身就业 5.86 万个[1]。这一结果表明，美团平台已经具备较强的就业带动能力，成为劳动力获取收入机会的重要载体。根据美团的业务内容和所属行业特征，可以把带动就业机会类型分为四类：线上劳务交易型（"骑手"）、线上服务产品交易型、商户展示型和互联网企业直接就业型。基于上述四种形式，平台创造了大量新就业形态，如外卖"骑手"、

---

[1] 中国人民大学劳动人事学院. 生活服务平台就业生态体系与美团点评就业机会测算报告 [EB/OL]（2019-09-21）[2022-11-20].https://www.docin.com/p-2256829707.html.

专业运营师、美业培训师、点评达人、"试吃官"等，形成了丰富的就业生态。

据美团研究院发布的《2018年外卖骑手群体研究报告》显示，美团外卖31%的骑手来自去产能产业工人[①]，这有效地解决了产业转型升级带来的就业问题。通过营销、金融、配送、供应链、运营、IT服务这六大利器的辅助。一方面，美团给580万家商户带来了开拓客源和提升效率的机会，为他们提供了强化品质等解决方案，提高了商户管理水平，增强其盈利能力，推动实体经济与数字经济的结合；另一方面，通过创新驱动，美团参与制定行业标准和平台治理工作，为生活服务业的人才培养和就业提供便利，有助于产业规范化和健康发展。

美团已经形成了相对成熟和完善的体系。"美团模式"指美团已经形成的平台产品矩阵。在消费者端，用户可以通过美团、大众点评、美团外卖等应用软件获得有关生活娱乐的各种信息；在商户端，用户可以通过开店宝入驻美团平台，借助美团管家实现餐厅移动管理和数字化经营。同时，平台所提供的小额贷款、保险服务、智能支付等为商家发展提供了金融服务，助其发展。

随着互联网经济的发展，互联网与传统产业完成了更加深度的融合，而依托于互联网的就业形态也发生了重要变化。区别于传统就业模式中通过增加投资和雇佣直接创造就业岗位的逻辑，以美团为代表的生活服务类平台，最大的优势在于利用平台来更好地对接需求方和供给方，通过减少交易成本和创造新型商业模式，在短时间内创造并聚集庞大的就业机会。在可预期的未来，以美团为代表的一批生活性服务业将会在更大程度上带动就业。在就业生态新体系下，生活服务业的数字化，给创业和新职业带来了发展动力，还会全面提高全产业劳动生产率，实现全产业人效普惠式发展。消费市场和劳动力市场数据融合，会减少劳动力市场起伏，在稳定劳动力市场方面发挥了关键作用。

综上，"美团模式"平台带动就业机制主要体现在四个方面：带动就业机会，创新就业岗位，提高就业质量，提升就业能力。"美团模式"平台在带动就业机会方面，带动了数以千万就业机会；在创新就业岗位上，创造了大量新就业岗位和新就业形态，丰富了就业生态；在提高就业质量上，助力供给侧数字化升级，扩大了企业经营规模，提高了就业质量；在提升就业能力上，促进了企业规范内部管理和工作流程，助力员工技能的标准化和技能水平的整体提升。

---

① 冯晓霞. 聚焦中小制造企业困局[J]. 光彩，2019（08）：22-29.

2. 5G移动通信技术：新技术扩大就业

目前被认为影响未来制造业的五大核心技术为人工智能、物联网、高级机器人、增材制造和增强现实与虚拟现实技术，这里的每一项技术都具有变革性和颠覆性，它们作用在一起，将会完全颠覆传统的商业模式、通信方式乃至全球经济结构。但是这些技术都依赖于另一项没有被广为谈论的技术——5G技术。

中国信息通信研究院发布的《中国5G发展和经济社会影响白皮书（2020年）》预测，到2030年，5G有望带动我国直接经济产出6.3万亿元、经济增加值2.9万亿元、就业机会800万个。在间接贡献方面，5G将带动总产出10.6万亿元、经济增加值3.6万亿元、就业机会1 150万个。该白皮书提出，5G作为通用目的技术，将开辟移动通信发展新时代，加速经济社会数字化转型进程，推动我国数字经济发展迈上新台阶。目前我国5G中频段系统设备、终端芯片、智能手机处于全球产业第一梯队。5G将对几乎所有行业产生影响，特别是汽车、医疗和物联网。关于新一代通信标准"5G"的专利申请数量，我国占比达到34%，在全世界位于领先水平。[1]

高通报告显示，预计到2035年，中国5G将创造就业机会950万个，[2]居世界第一。2018年被称为"5G启动元年"，2019年被称为"5G发展元年"，5G成为高科技领域备受瞩目的风口，人才增长势头也颇为迅猛。根据猎聘大数据显示，2018年5G领域企业人才需求同比增长57.62%，[3]市场行情较为乐观。而在未来，将有越来越多的城市需要5G人才，掌握着高技能水平的劳动力有着广阔的就业前途。

3. 滴滴模式：平台经济改变就业

作为全球新一轮科技革命和产业变革下涌现的新业态新模式，共享经济催生了大量新增就业机会。

平台经济的就业平台作用体现在三个方面：一是现代国家的信息基础设施，为经济社会发展提供有力支撑；二是网络扶贫为推进精准扶贫、精准脱贫提供新方式、新途径；三是"新四大发明"有其三（扫码支付、共享单车和网购），为

---

[1] 中国信息通信研究院.中国5G发展和经济社会影响白皮书（2020年）[EB/OL].（2020-12-31）[2022-11-20].http://www.caict.ac.cn/kxyj/qwfb/bps/202012/t20201215_366185.htm.
[2] 余胜海.任正非：成就员工就是最好的人性管理[M].广州：广东人民出版社，2020：162.
[3] 马悦.5G来了，需求入手深挖专业人才[J].人力资源，2019（05）：60-64.

消费者提供用得上、用得起、用得好的网络服务。

具体来看，平台共享经济对新型劳动力及其雇佣模式的影响包括三个方面：第一，平台劳动力市场是对传统劳动力市场的扩展和补充，弥补了传统市场岗位创造不足，具有一定新生性；第二，平台劳动力市场岗位产生量、类型和结构是由信息共享范围、成本与充分性决定的，契约虚拟化、时间灵活化、雇佣关系多重化、职业生涯碎片化是其特点；第三，平台劳动力市场的工资决定机制有别于传统，劳动者的就业工资是基于职位特征与个人特征的工资，并且平台就业工资标准是基于共享信息获取与用户信息反馈制定的。平台型经济数字化通过三种渠道重塑市场结构：一是去中介化，直接通过数字平台连接供需双方；二是数字化大大降低了许多行业的准入门槛，使得传统行业的小型企业数量增加；三是平台行业的寡头垄断，这种结构具有规模经济的优点，但如果缺乏竞争，也可能导致价格扭曲。

滴滴平台通过对整个出行业的数字化升级改造，催生了一大批新的就业形态，包括网约车司机、服务经理自动驾驶、路测安全管理员、自动驾驶测试等。这些新的就业形态丰富了整个出行行业的生态，是平台型企业的新增长点。《2017年滴滴出行平台就业研究报告》指出，2016年6月至2017年6月，共有2 108万人在滴滴平台获得收入；[①]2017年6月至2018年6月，共有3 066万人在滴滴平台获得收入，增速明显。中国人民大学劳动人事学院课题组发布的《滴滴平台就业体系与就业数量测算报告》显示，2018年，滴滴出行平台在国内共带动1 826万个就业机会，其中包括网约车、代驾等直接就业机会1 194.3万个，间接带动了汽车生产、销售、加油及维修等就业机会631.7万个。[②]后者是滴滴平台对出行行业上下游间接带动的就业机会和岗位。

（三）国际比较分析

《2019年数字经济报告》显示，美国和中国在数字经济发展中的领先地位体现在多个方面。比如，两国占区块链技术所有相关专利的75%，全球物联网支出的50%，云计算市场的75%以上，全球70家最大数字平台公司市值的90%。当

---

① 刘向东.从量变到质变 中国经济的现代化理路[M].北京：中国经济出版社，2018：342.
② 中国互联网协会.中国互联网行业社会责任指数及十大示范案例[J].互联网天地，2020（01）：10-13.

前全球城市层面的数字经济竞争力格局是以美国占据绝对优势地位，欧洲发达国家在城市创新竞争力与人才竞争力方面实力雄厚，亚洲新兴经济体国家的城市在经济和基础设施竞争力方面后来居上为主要特征。

作为一种先进生产力，数字经济的赋能效应、倍增效应十分显著。在劳动力就业方面，发达国家从事数字经济行业的人口占总劳动力比例较高。根据美国商务部经济分析局数据，2016 年，美国数字经济的就业岗位为 590 万个，占美国 1.5 亿就业人数的 3.9%，与金融和保险行业、批发贸易以及交通和仓储行业接近。数字经济从业人员的年平均工资为 11.427 5 万美元，远高于美国整体就业人群 6.649 8 万美元的平均薪酬。2017 年美国数字经济领域雇员的平均年薪高达 13.2 万美元，是全美平均薪酬的 1.93 倍。欧洲国家数字经济综合实力最强，各国数字产业化与产业数字化实力差距较小，数字经济占 GDP 比重的平均值高达 44.7%。亚洲国家普遍对数字产业化领域重视度较高，数字技术及产业发展成为拉动数字经济的关键部分，数字产业化平均占比达 21.7%。[①]

虽然中国的总体数字化水平仍落后于发达经济体，但其已成为一些重要新兴行业的全球领导者，特别是在金融科技领域。中国还是一些关键数字技术的全球领先投资者。目前，中国在虚拟现实、自动驾驶、3D 打印、机器人、无人机和人工智能等关键数字技术方面的风险投资居全球前三位。

中美两国产业集中度提高的背后，无不是技术进步在驱动。美国数字经济的发展是资本友好型，我国数字经济发展比较倾向于劳动友好型。美国人担心机器会取代人工，担心技术进步会让很多人失业。国内也有人担心机器取代人工，不过，大家关注较多的还是外卖和快递、钟点工和其他新增就业机会，而这些工作所产生的报酬，通常比传统制造业的收入要多，互联网的发展特别有助于增加中低收入人群的收入，以及增加就业岗位。在数字经济发展中，中美两国人口密度不同，劳动力成本不同，这使美国的技术进步更多地表现为劳动替代型进步，在我国更多的是劳动互补型的。

美国数字经济发展较早，数字经济规模处于世界领先水平。2017 年，美国地区生产总值 19.3 万亿美元，数字经济产业规模约 11.50 万亿美元，约为地区生产总值的 60%，其中，产业数字化规模达到 10.11 万亿美元，占数字经济规模的

---

① 郭霖.中美数字经济产业比较 [J].现代经济信息，2019：407.

88%。[1]为推动数字经济产业的蓬勃发展，美国联邦政府十分重视数字经济前沿技术，发布了《开放数据政策》《联邦大数据研发战略计划》等文件。从中美数字经济发展比较中可知，在数字安全保障和其他因素方面，美国做得比较好，中国则在数字国际贸易要素方面表现突出。在共享数字资源、数字资源的利用与数字经济的发展等方面，中美两国是平齐的，但从数字基础设施、数字市场等环境要素来看，中国则处于不利地位，和美国相差甚远。

就数字经济的发展而言，我国仍然需要提升劳动生产率。我国仅批发零售业的劳动生产率在全球处于较高水平，但仍与美国有较大的差距。在我国劳动生产率处于全球较低水平的现状下，数字经济的有效利用与蓬勃发展将有力推动劳动生产率的提升。

中国数字经济正步入快速发展的新阶段，从发展速度看，2016年中国数字经济增速高达18.9%，分别比美国（6.1%）、日本（17.0%）和英国（11.5%）高出12.8、1.9、7.4个百分点；从产业规模看，2016年中国数字经济总量达到22.6万亿元，占GDP的比重为30.3%，比2015年提高2.8个百分点，比重呈现快速增长的势头，但仍显著低于全球其他主要国家，分别比美国（58.3%）、日本（46.4%）和英国（58.6%）低28、16.1、28.3个百分点。[2]上述的分析显示，各国都把深化信息技术和传统行业融合发展列为数字经济战略布局重点，拥有专业数字技能的人才需求激增，怎样在新阶段吸引并培养出所需人才，是中国构建全球数字经济发展竞争优势的关键，也是数字经济继续为我国创造就业推动劳动力市场进一步发展的前提。

四、数字经济发展对劳动力市场的影响

（一）数字经济发展过程中劳动力市场出现的问题

1. 产业间及产业内部就业的快速变化

凯恩斯在《我们后代在经济上的可能前景》中提道，"在一百年后，国家的技术标准将是现在的四到八倍"正如他在文中所说，数字经济的快速发展，作用

---

[1] 郭霖.中美数字经济产业比较[J].现代经济信息，2019：407
[2] 南开大学数字经济研究中心编写组.数字经济与中国[M].天津：南开大学出版社，2021：257.

于不同产业部门,会带来不同部门的产业结构转型升级,并对劳动力市场产生差异化影响。

在农业部门,随着农业部门数字化水平不断加深,以物联网、虚拟农业等为代表的信息技术正广泛应用于农业生产、加工、销售等各个环节,实现了数据获取的实时性和信息通信的网络化,从而提高了农产品的竞争力,实现了农业部门的规模化生产。农业部门的数字化转型升级不仅减少了对劳动力的需求,并且表现出了技术偏向型需求,更加需要的是能够熟练使用数字化农业管理系统的新型农民。这带来的直接影响是释放了大量低技能劳动力,如果无法将这些劳动力转移到工业部门和服务业部门,将会造成农业部门失业人数的增加。而且,由于对劳动力的需求具有技能偏向型,而农村的劳动力大多不具备相关技能并且无法在短期内获得该技能,因而无法满足农业数字化进程中的岗位需求,进而造成了劳动力短缺的现象。另外,农村劳动力转移以男青壮年劳动力为主,而剩余的劳动力主要集中在老人和妇女群体。因此,伴随着数字经济的发展,农业部门劳动力市场的供需结构性矛盾将变得愈发严峻。

在工业部门,不同于工业革命时期仅需要简单熟练操作设备仪器的工人,在数字经济时代,随着数字化、智能化的发展,传统的制造业面临着转型升级的挑战,信息物理系统将创造出大量智能工厂,智能制造将成为主要发展趋势。再加之我国人口年龄结构老龄化严重,使得原有的劳动密集型产业成本优势不断丧失,竞争优势不断减弱,从而促进了工业机器人等智能化经济体的广泛应用。而工业机器人等智能经济体作为"虚拟劳动力"将颠覆原有的生产模式,降低企业的用工成本,提高企业的生产效率。这一点在劳动力市场的具体表现为:一方面,针对重复性、易标准化的工作任务,会不断被数字技术所替代,因而减少了对该类劳动力的需求,增加了劳动力市场的失业现象;另一方面,具有熟练使用数字化软件和程序的高技能劳动力,其需求会不断增加。数字经济的发展在一定程度上创造了相关技术型工作岗位,但伴随着工业机器人等智能经济体的快速投入使用,我国就业岗位的整体规模会出现一个短期下降的趋势,从总体上来讲,劳动力市场在工业部门的供需结构会出现重组的趋势,从而推动我国人力资本向高级化方向发展。

在服务业部门,虽然信息技术在该部门的应用相对较晚,但服务业的岗位也逐渐开始趋向于智能化和数字化,并处于快速应用阶段。随着数字技术的广泛应用，对于具备能够使用互联网、网络平台等信息工具的劳动者而言，就业岗位将持续增加。需要注意的是，在短期内，服务业部门的劳动力市场也会出现对一些重复性、常规化工作岗位的替代现象，从而减少了对劳动力的需求数量；但随着时间的延长，服务业部门对就业的需求拉动作用会变得愈发明显。

从总体上来讲，虽然数字经济在不同产业部门表现出不同的发展进程和发展趋势，但却存在着一个共同的现象，即劳动者的相关数字技能水平普遍不足，无法与数字技术所要求的劳动力需求相匹配，整体上存在着结构性失衡的现象，因而在整体上会拉大不同技能劳动力的收入水平，使得无法与数字化技能相匹配的劳动力不断与劳动力市场脱节。同时，不同产业部门之间的数字技术差异，也导致不同产业部门的劳动力就业水平和收入水平存在差距。

2. 城乡间的数字鸿沟及区域间的劳动力流动

从区域角度来看，我国各地区的数字经济规模都呈稳定增长的趋势，但数字人才分布最多的地区仍主要集中在东部沿海地区，且西部地区与东部沿海地区的差距在不断扩大。随着东部沿海地区数字经济的快速增长，逐渐形成了数字经济集聚现象，不断推动了东部沿海地区的技术创新、产业协同、城市共融和制度创新，从而进一步促进了该地区发挥集聚效应、分工效应、协作效应和规模效应。未来，东部沿海地区将成为数字经济发展的主要核心地带，也必将引起劳动力特别是高技能劳动力的跨区域流动和聚集。

由于数字技术的发展依托于当地的基础设施和人才储备，而在这两方面，城市和农村之间存在着显著差距，因而伴随着数字经济的发展逐渐形成了城乡数字鸿沟。所谓的城乡数字鸿沟，是指由于城市居民和农村居民在拥有和使用技术方面的差距所造成的信息资源配置的差距，即城市的信息基础设施相对完善，信息技术得以在城市广泛应用，农村居民利用信息资源的机会显著低于城市居民，这使得农村居民的数字技能一直处于较低的状态。这一方面对农业部门数字化普及和应用起到了阻碍作用；另一方面，即使农业部门实现了数字化进程，也缺乏与之相匹配的技能劳动力，导致了劳动力市场供需结构矛盾问题的加剧。再加之城市内部的产业部门不断实现产业转型升级，对劳动力的素质要求不断提高，因而农村的剩余劳动力将很难在城市里找到适宜的工作，这将加剧劳动力市场的结构性失衡，进一步拉大城乡间的收入差距，造成了未来城乡数字鸿沟的加深。

3. 数字技术人才的供需失衡

中国国家统计局的数据显示，2017年从事信息传输、计算机服务和软件业相关的技术服务相关工作的人数约有395万，其中拥有中高级专业技能的数字人才的比例并不高，再进一步看，拥有人工智能、机器学习、虚拟现实和智能制造等前沿技术的数字人才则更少。但在数字经济时代下，数字人才和数据是数字经济快速发展的重要驱动力，伴随着数字经济的快速发展和产业数字化转型的不断深化，我国对数字人才的需求将会不断增加。[①]

但我国劳动力市场面临的现状是，我国劳动力市场数字人才占比较低，且劳动力的数字化水平普遍不高，劳动力市场存在着明显的数字人才缺口，并主要反映在技能结构方面，具体表现为对数字化高技能人才的供求矛盾。数字经济的快速发展需要大量高技能数字人才，但由于我国现有的教育体制等原因导致缺乏相应的劳动力供给，因而在全国范围内出现了人才缺口问题。

4. 就业的替代与创造

一般来讲，数字经济的发展对劳动力市场具有技能偏向型的影响，受限于当今算法和算力，并以提高生产率为目的，因而对劳动力市场的影响主要集中在对从事简单、重复性和程式化工作任务劳动者的替代。因此伴随着数字经济的发展，对于中低技能劳动者的需求将不断减少，中低技能劳动者的就业将面临更大的风险。此外，从性别角度来看，从事计算机相关领域工作的女性就业人数占比远远低于男性，而未来相关信息技术领域的工作岗位更不容易被替代，因而相对于男性，女性在未来的就业市场将面临更大的风险。未来数字经济时代，劳动力市场的冲击将首先集中在中低技能劳动者和女性就业劳动者中。

另外，数字技术作为一种技术进步，在替代一些传统就业岗位的同时也创造了一些的新型就业形态。技术进步也将会带来经济规模的扩大，增加了对劳动力特别是对高技能劳动者和数字技能劳动力的需求。数字经济所创造的工作岗位将主要集中在使用数字技术完成复杂任务的工作中，其中包括研发和应用相关数字技术，监测、授权和维修相关数字技术系统等方面的工作，此类工作岗位大多具有创造性特征，并与数字技术深度融合。

---

① 南开大学数字经济研究中心编写组.数字经济与中国[M].天津：南开大学出版社，2021：259.

5. 就业的极化效应

数字经济时代，就业的极化效应也是需要我们关注的一个现象。世界银行报告显示，在数字经济条件下，世界劳动力市场的一个变动趋势就是就业岗位的两极化，也就是高技能和低技能岗位就业比重增加，且中等技能岗位就业率有所降低，中等技能岗位将会逐步退出劳动力市场。在数字经济时代，伴随着劳动力成本的不断上升，中等技能劳动者会被最先替代，根据成本收益分析，中等技能劳动者被替代后的收益较高，能够弥补数字技术投入所带来的成本，且在技术上具有可行性，因而将被首先替代。因此，数字经济时代，劳动力市场的两极化趋势会愈发明显。

同时，劳动力市场的极化效应会造成劳动者内部收入差距的拉大，原因在于原有的中等收入劳动者会向高收入工作岗位和低收入工作岗位转移。在数字经济时代，高收入的工作岗位存在着技术性门槛，因而只有较少数的劳动者可以在短期通过再培训适应高收入工作岗位，更多的劳动者则转向了低收入工作岗位，从事相关低技能工作，从而拉大了劳动者之间的收入差距。另外，从短期来看，大多数中等技能劳动力主要转向易标准化的低技能劳动力所从事的工作岗位，这又造成了劳动力市场的挤压效应，使得大量原有的低技能劳动者丧失了工作岗位，因而加剧了劳动力市场的失业现象。

（二）数字经济发展给未来劳动力市场带来的机遇

1. 数字经济发展推动经济发展新旧动能转换和劳动生产率的提高

当前数字经济的发展和应用正从需求端向供给端过渡，数字技术的应用首先集中在消费、社交、出行、通信和支付等多个方面，从而积累了大量的用户数据，为数字技术进一步研发提供了充足的数据来源，进而推进了互联网、物联网、大数据等技术在经济社会的广泛应用，从而拉动了此类技术性企业就业量增长，创造了许多新型就业岗位，增加了就业需求，带动了劳动力市场的就业量。随着数字经济逐渐向供给端方向发展，未来将实现数字技术和传统经济行业之间的融合发展，带动产业结构的优化升级，使得制造业、医疗卫生行业等传统行业具有巨大的发展空间和发展潜力。未来，此类与数字技术相结合的传统行业将成为带动劳动力市场就业的核心力量。

未来数字经济的发展将会进一步赋能劳动力市场，使劳动力市场变得更有效率、更具生产力。数字经济的应用也将推动传统经济转型升级，并与传统经济相结合产生新产业、新业态和新模式，从而提高企业的生产效率，扩大企业的生产规模，提高劳动力市场的就业水平。另外，数字技术的广泛应用和发展，也将创造更多高技能和创意性工作岗位，带来技能偏向型技术进步，从而提高了技能型就业人数的比例，有利于劳动生产率的提高。这都将进一步促进劳动力市场的结构性调整，提高劳动力市场的配置效率，实现人口红利向人才红利的转变。

2. 数字经济发展打破了劳动力市场时间和空间限制

数字经济时代，劳动力市场的传统雇佣关系将产生深刻的变化，经济主体可以摆脱时间和空间的限制，进一步提高劳动力的配置效率和劳动生产率。在就业选择方面，劳动者的就业机会不断增加，创业和就业边界不仅局限于物理边界，还可以拓展到数字化平台，形成基于平台化的创业和就业途径。随着互联网技术的不断成熟，数字平台的搭建不断完善，除了拓宽创业和就业方式外，还降低了传统劳动力市场资源匹配和供求关系之间的信息不对称现象，更加高效地配置劳动力资源，降低了劳动力供求双方的搜寻成本和信息成本，使得双方的交易变得更加便利化、规范化和透明化，甚至可以帮助一些因产业结构调整而失业的劳动力再就业。

在就业形式方面，劳动者的就业形式变得更加多样化，劳动者的工作岗位职责变得更加明确，技能水平也随之提高。而且可以实现弹性就业，工作场所不再受限，就业者和组织单位可以实现在空间上的分离，原有的在雇主场所工作的形式逐步变为分散化办公，其中包括在家办公、在线办公等，这极大地增加了就业岗位数量，丰富了劳动力市场的就业形态。另外，年轻一代的劳动者就业观念变得更加利益化，通过灵活的就业形式，他们会选择通过技能学习、培训以及跳槽等形式实现晋升和工作收入的提高。

在就业时间规划上，传统的工作时长是八小时，工作模式是固定时间上下班，但随着数字经济时代的到来，劳动者和企业所考虑的主要是利益最大化，因而更加看重工作效率而不是工作时间。因此，未来的工作时间长度将会被缩短，并且工作时间将会变得更加弹性，个人具有更加灵活的工作时间配置，从而在最大限度上实现各经济主体的利益最大化，促进经济的快速发展。

在就业群体分布上，数字经济对就业时间和空间限制的打破，可以在一定程度上降低性别就业差距，增加女性就业机会，女性可以通过灵活选择工作场所实现就业，从而提高女性的劳动参与率，降低地区间的就业差距，使得地理位置相对偏远地区的劳动力可以通过平台获得就业机会，从而增加劳动力市场整体的劳动参与率。

在企业管理方面，数字经济的发展改变了原有企业的管理方式，企业组织的平台化使得劳动供求双方原有的雇佣关系和雇佣形式发生了深刻变化，打破了原有相对封闭的雇佣状态，企业招募人才的方式不断多样化。数字技术的应用更是简化了招聘流程，提高了招聘效率，互联网等数字平台缩短了企业与人才之间的距离。同时，企业开始利用平台变身为平台化企业，可以主要完成一些工作关系和合作关系的任务，包括劳务派遣、人才租赁、人力资源与组织合作等，从而实现多方利益集体的利润最大化。

3. 数字经济与人口老龄化

随着社会生产力的不断发展、医疗卫生条件的改善，越来越多的国家迈入老龄化社会。随着老年人口越来越多，适龄劳动力也会逐渐减少，劳动力成本将逐步上升，因此国家的生产和经济的发展都会受到青壮年劳动力不足的影响。数字经济的发展为缓解人口老龄化造成的劳动力短缺问题提供了现实可行的解决方案，人口老龄化又在一定程度上推动了数字经济的发展。一方面，在国家劳动力总量增长受到制约的背景下，如果要维持经济的增长，必须依赖数字技术的进步以替代那些离开劳动力队伍或支持辅助老龄工人继续做体力劳动；另一方面，随着社会中老年人口比重的上升，数字技术或将能够解决因老年人口增长，护工、养老机构等养老资源匮乏所带来的养老服务供需问题，这将产生巨大的养老消费与服务市场，进一步推动数字经济的发展。

在数字经济时代，企业只有通过转型升级，加速数字技术的应用，进而实现对中低技能劳动力的替代，降低企业劳动力要素成本，来迎接老龄化社会的挑战。同时，虽然我国人口年龄结构不断老化，但凭借着庞大的人口基数、丰富的数据资源和广阔的消费市场潜力，包括庞大的老年消费市场，为我们进一步发展数字技术和数字经济提供了广阔的市场需求和发展空间。我国企业应以此为契机来加快数字产业的发展速度，推动智慧医疗、智慧城市、智慧教育等数字技术的应用，以更好地迎接老龄化社会的挑战。

（三）数字经济发展给未来劳动力市场带来的挑战

1. 失业问题的挑战

数字经济的快速发展，将会对劳动力市场中的劳动力配置产生剧烈影响。由于数字技术的应用具有技能偏向型特征，因而有可能会导致劳动力市场出现技术性失业。由于技术性失业的主要影响群体是受教育程度较低、无法适应现代化数字技术需要的劳动力，主要表现为对重复性、常规化工作岗位的替代。如果这些被替代的工作岗位的劳动者无法掌握数字技能以适应新兴产业的劳动需求，那么可能会造成劳动力市场中供给与需求的失衡，即产生失业问题。如果不对失业问题加以重视将会对经济社会的稳定产生冲击，影响数字技术和数字经济的进一步发展。

一方面，技术性失业劳动者可以通过职业教育和培训，获得数字技术应用所需要的工作岗位，从而成功转型为高技能工作人群，但由于高技能工作岗位大多都需要专业专用性人力资本，并且其工作能力是通过长期的专业学习所形成的，因此只有最先受过专业技能培训的劳动者才能适应该技能岗位，因此导致劳动力对此类专业技能型工作岗位具有黏性，使得技术性失业的劳动者获取此类工作具有很大的难度；另一方面，技术性失业的劳动者可以选择降低职业要求，选择从事相关低技能劳动力所从事的劳动，但这会降低劳动者的工作条件和收入，并使得劳动者很难再向上回到原有的工作水平，因而降低了劳动者向下选择岗位的可能性，从而造成劳动力市场失业现象加剧。因此，如何缓解数字经济发展过程中的失业问题，使得因技术性失业的劳动者能顺利转换工作并适应新的工作岗位，是一项巨大的挑战。

2. 新型劳动关系的挑战

随着数字经济的发展，产生了多种新型的就业形态，劳动关系也随之发生变化，这可能会形成因劳动法规立法相对滞后而引发的一系列劳动关系问题，主要表现在三个方面：第一，劳动者的法律地位很难得到肯定，新就业形态的劳动法律适用不太好界定；第二，新就业形态下，由于就业者、组织者之间的关系难以确定，因此现有法律框架内很难应用传统意义的社会保护机制，例如最低工资和最高工时，以及其他社会保护要求；第三，新就业形态下，劳动报酬采用分成制、计件收入，与原有按月或按年签订合同缴纳社保的方式相比，更为灵活化、碎片化。因此，现有的劳动法律法规已滞后于新型劳动关系的发展，未来随着数字技术的进步如何完善和维护新型劳动关系，为数字经济的发展提供源源不断的劳动力资源、创建和谐的劳动关系，成为数字经济时代我们需要关注的一项新的课题。

3. 不平等问题的挑战

技术的更迭会对劳动力市场产生冲击，数字技术的快速发展会进一步加剧劳动力市场的波动，劳动力市场中的不平等现象可能会出现扩大的趋势。

一方面，随着数字经济的发展，受替代效应所影响的劳动力数量和工作岗位可能会持续增加，其中必然会有一部分劳动者受到数字经济发展的冲击。因此，不同劳动者群体在数字经济发展的过程中的获益是不均等的，未来劳动力市场中不同职业、不同受教育程度、不同性别的劳动者群体的收入差距可能存在持续拉大的趋势。

另一方面，数字经济在城乡间和区域间的不均衡发展也有可能造成城乡间和地区间的数字鸿沟。我国的数字经济主要集中在东部沿海地区，数字技术人才和资本的集聚发展推动了东部沿海地区的技术创新、产业协同、城市共融和制度创新，从而进一步加速了这些地区数字经济的发展。城市和农村之间存在的巨大的基础设施和数字人才的差距将会加剧劳动力市场的结构性失衡，形成数字经济下的分割劳动力市场。因此，我们在数字经济的发展过程中要避免数字鸿沟的产生，充分重视劳动力市场中的不平等问题，这是我们在推动数字经济发展过程中所面临的一项严峻挑战。

第三节　互联网时代数字经济对中国产业升级的影响

一、数字经济对产业升级的影响

（一）数字经济与企业内部价值链重构

数字技术的发展使公司内部的价值链重构，这主要体现在传统业务流程中的研发、生产、流转、销售这些步骤都在原有基础上更加优化。

在研发过程中，云平台的发展有利于缩短企业的产品研发周期，尤其有利于中小企业解决由于劳动力不足、经验缺乏等带来的研发难题。云应用中心往往具有在线研发功能，便于企业进行产品设计和仿真分析。仿真分析尤其在机械设计、电子设计、电路仿真、重量估算等方面具有重要作用。协同研发平台的出现帮助企业减少软件资源投入的同时也减少了试错成本。此外，云平台的数据库功能可以帮助剖析研发过程的各项数据，将数据可视化，便于研发成果的实时保存，缩小了对于硬件的需求，保证了研发的灵活性。

在生产方面，由于工业互联网、工业物联网的推广，越来越多的企业开始加入智能工厂的建设领域。智能制造发展下的远程操控、自动化流水线生产等技术的进步充分提高了公司的生产效率。尤其在人口红利逐渐消失的背景下，将重复、简单且危险性高的工作交给工业机器人，不仅提高了技术密度，还扩大了生产可能性曲线的边界。

在流转方面，供应链由于空间距离较为分散、供需关系反馈不及时等为企业带来了痛点。智能仓储与数字物流的诞生切实地解决了这一问题。例如，以菜鸟为代表的第三方公司根据大数据，可以对商流和消费者需求进行预测，并将结果迅速反馈给商家，提示企业合理地备货分仓。这样的做法一方面降低了缺货率，有效减少了企业由于决策失误而错失销售良机的情况；另一方面也提高了周转率，提升了企业的营运能力。

在销售方面，大数据可以更精准地挖掘到客户的需求。一方面，大数据可以通过算法将现有产品信息定向推送到潜在的需求客户群体中；另一方面，大数据通过小程序、公众号等工具可以轻松实现低成本的营销，增加客户黏性。在此过程中，大数据还可以进一步挖掘到客户群体的深层次信息，并将这一信息反馈到生产端，使其和客户需求进一步匹配，通过再造线上线下一体化的管理流程，打通了生产端和需求端，实现生产端对市场的快速响应，萌生出定制化服务，有利于满足用户多样化、多层次需求。多样化生产使企业内部产生了范围经济，在摊薄生产成本的同时提升了公司的整体竞争力。

（二）数字经济与产业内部价值链重构

产业内部的价值链重构改变了产业整体价值获取模式。传统模式下，制造业的发展模式为纵向一体化，大部分企业的发展逻辑在于尽可能降低成本，如为降低生产成本向上游延伸，为降低交易成本向下游延伸。但在数字经济中，平台化发展成为其升级的主要模式。平台化的经济模式使原本的单一业态向复杂型业态发展，通过建立一个多边市场，形成完整的端对端平台，推动商业模式的彻底改变。平台化发展在多个方面通过影响产业形态重塑了价值链的构成。

第一，在产业内搭建平台可以更好地匹配到供需双方。资源的入驻使得双方用更低的成本获取更加丰富的信息，让双方可以选择更加适合的商品与资源。在此基础上，平台还可以拓宽原有的客户群体，关注需求端的长尾效应。之前由于地理位置、成本预算等因素的制约，企业往往把关注点聚焦于需求曲线的头部，但是平台化让企业不再同以往一样需要印发传单、购买广告牌，可以大大降低吸引客户的边际成本。

第二，平台的发展使价格机制更为合理完善，在价格形成上更加精准。在需求大于供给时，平台具有自动溢价功能，比如网约车平台上下班早晚高峰溢价、外卖平台的春节期间配送费上涨等；相反，在需求小于供给时，平台会给予补贴，刺激客户群体的消费，比如网约车在工作日给予下单优惠、外卖平台发放下午茶红包，这些都是平台价格机制自我调节的体现。丰富的数据可以有效地规范价格，并且缓解了之前由于供需双方的信息不对称带来的矛盾，免除了议价成本的同时也避免了"敲竹杠"现象的产生。

第三，平台的存在可以规范公平地解决纠纷，减少维护成本。平台经济可以保障交易的进行，尤其是对于小微企业，可以减少违约率和坏账率，保障企业财产。平台化发展可以改善产业内部的营商环境，比如淘宝等平台可以保证交易产品的真实性，在产生纠纷时，也可以依据平台记录介入解决，大大减少了单个商家的维护成本，保证了消费者的利益。

通过平台化发展，各个产业的战略优势不再局限于成本维度，多边市场拓宽了消费者群体，平台内部嵌入的增值服务也可以成为其新的价值增长点，使价值空间陡增。在数字经济的影响下，产业内部已经完成了商业模式的创新。

（三）数字经济与产业间融合

数字经济通过加快产业的跨界融合，同样推动了产业的转型升级。互联网金融、在线教育、移动医疗、网络新闻等，都是在传统行业融合数字经济后形成的新业态或新模式。根据中国互联网络信息中心的数据显示,截至 2019 年 6 月,网络新闻、旅行预订、在线教育、互联网理财的用户规模已经分别达到 6.86 亿、4.18 亿、2.32 亿和 1.70 亿人,产业融合的效果十分显著。①

通过数字经济,多个传统产业由线下走到线上,跻身科技领域。以网络新闻为例,网络新闻在传播和内容两个方面都有了新的突破。互联网技术的进步,使新闻的传播更具多样性。微信公众号、微博等多个平台已与新闻业融合在一起,比如《人民日报》就采用了多种网络平台的传播形式。另外,如今的新闻业引入 vlog(微录)、短视频等元素,使新闻内容更加丰富有趣,在正确传播的同时,与时俱进,吸引更多的受众群体。

再如在线教育的产生。数字技术使教育打破了传统的模式,可以有效解决边远地区师资欠缺的问题。艾瑞数据显示,2019 年第三季度,在线教育类 App 用户中,五线及以下城市用户占比最高,达 21.5%。② 这正意味着,互联网与通信技术的发展,在某种程度上解决了距离移动的成本问题。这一产业间的融合成果达到了教育资源充分共享的目的,使欠发达地区也能享受到优质的资源,一些农村儿童也可以进入全国名师的课堂中。

互联网金融也是一个在数字技术推动下形成的产业融合结果,并正向金融科技方向发展。金融业务由最初的引入 IT 设施,到第三方支付等互联网金融业务的萌生,再到如今,金融科技已开始在风险控制、反诈骗等方面提供技术输出。金融行业与互联网行业的融合,推动金融行业向更高质量发展,完成了产业的转型升级。金融科技的应用提高了企业的估值水平,有助于金融机构保证内部的数据安全,有效降低了支付安全风险。

可以看出,在数字技术的驱动下,两个甚至多个产业开始在同一个产业链中相互渗透,甚至从低端产业变身为高端产业的组成部分。一些传统产业通过这种方式,快速实现了自身在价值链相对位置的攀升,跨界融合使得传统产业切换到价值链更高的领域成为可能。

---

① 南开大学数字经济研究中心编写组.数字经济与中国[M].天津:南开大学出版社,2021:83.
② 南开大学数字经济研究中心编写组.数字经济与中国[M].天津:南开大学出版社,2021:83.

二、数字经济与中国产业升级：总体格局

（一）数字经济的产业化发展

数字经济产业化，即基础型数字经济。数字经济凭借其本身技术不断发展与需求特性，在近些年拓展出了新的业务形态，逐渐形成固定的产业链。2018年，我国的信息传输、软件和信息服务对GDP的累积贡献率已经超过了15%。基础型数字经济发展至今，产业技术与产业模式已经相对稳定成熟，其中包括电子信息制造业、电信业、软件和信息技术服务业以及互联网四个产业。

1. 电子信息制造业发展前景广阔

由于手机、计算机、彩电等行业在国内外的庞大需求，我国的电子信息制造业一直蓬勃发展，领先于全国平均工业水平。但是近两年来，由于中美贸易摩擦的冲击，我国的电子信息制造业也面临了新的挑战。核心技术与研发实力的欠缺导致电子信息制造业增长幅度减缓，其增加值虽然始终保持为正，但是增速却有明显的下降。其2018年的分月增速均保持在10%以上，最低值为10.5%，然而2019年的分月增速最低值已达4.7%。[1]

从营业收入与利润增速的变动情况来看，自2018年以来，电子信息制造业的效益与之前相比也有所下降。2018年，规模以上电子信息制造业主营业务收入同比增长9.0%，但是利润总额同比下降3.1%。2019年前三季度数据也并不乐观。[2]

造成中国电子信息制造业增速放缓的原因主要来自两个方面。一是行业前期已经初具规模，本身已经经历了一段时期的稳步增长，行业的规模经济红利逐渐消失，电子信息产品到了换挡期，这促使电子信息制造业向更高质量发展。电子信息制造业本身就是技术密集型产业，高质量产品研发周期长、研发成本高等特点使这一行业进入发展瓶颈。二是自2018年以来，美国对芯片等集成电路行业产品进行出口限制，我国的中兴、华为、海康威视等电子信息制造业的龙头企业都遭到了不同程度的制裁。同时，2019年9月，美国国防部、总务署及太空总署

---

[1] 南开大学数字经济研究中心编写组.数字经济与中国[M].天津：南开大学出版社，2021：85.

[2] 南开大学数字经济研究中心编写组.数字经济与中国[M].天津：南开大学出版社，2021：85.

联合宣布禁止美国承包商采购华为、中兴、海康威视等5家中国公司的设备与技术。这一冲击增加了我国电子信息制造业的需求不确定性,对电子信息制造业及其上下游产业都造成了不同程度的负面影响。

但近年来我国也在持续不断为电子信息制造业提供减税政策。2019年5月,财政部、国家税务总局的公告显示,依法成立且符合条件的集成电路设计企业和软件企业,在2018年12月31日前自获利年度起计算优惠期,第一年至第二年免征企业所得税,第三年至第五年按照25%的法定税率减半征收企业所得税,并享受至期满为止。这一举措无疑在增加企业研发强度、鼓励相关行业发展、改善营商环境等方面起到了不容小觑的作用。虽然行业发展历经波折,但是新的稳定的增长点也将随着5G时代的到来而出现。5G技术的提高,必将引起对相关设备的大量需求。我国数字经济产业化的发展势头稳中向好,已经形成了固定的行业模式。

我国在智能制造、物联网等方面的发展优化了基础性数字经济的产业环境,基础型数字经济与新生型数字经济相辅相成,形成了良性循环,可以进一步激发电子信息制造业的活力。电子信息制造业的优势依然存在,未来的发展前景依然十分光明。

2. 电信业开始转型升级,内部结构不断完善

电信业务收入规模近几年变化较小,但内部结构正发生着变革。从电信业务来看,由于人们生活方式的改变,微信等即时通信工具逐渐取代了传统的通话业务,截至2019年6月,我国即时通信用户规模已达8.25亿。移动电话通话业务早已经不再是电信业的主要收入,近几年移动电话去话通话时长持续递减,2019年话音业务收入相比2018年下降15.5%。相反,移动短信业务量和收入均保持增长态势。在短信广告推送和验证码认证等服务的推动下,移动短信业务量进入高速增长阶段,2019年移动短信业务量比上年增长37.5%。同时,移动互联网业务已经成为电信业务收入的主要组成部分,户均移动互联网接入流量持续增长,2019年的每月户均移动互联网接入流量已达到7.82GB。[①]

从电信用户的发展看,2019年移动电话用户规模已经超过16亿户,4G用

---

① 南开大学数字经济研究中心编写组.数字经济与中国[M].天津:南开大学出版社,2021:86.

户的占比稳步提升。根据工信部的数据显示，截至2019年年末，4G用户规模为12.8亿户，占移动电话用户的80.1%。同时，固定互联网宽带接入用户持续向高速率方向发展，千兆时代也已经来临。2019年，三家基础电信企业的固定互联网宽带接入用户总数达4.49亿户，100Mbps及以上接入速率的固定互联网宽带接入用户达3.84亿户，占总用户数的85.4%，1 000Mbps及以上的用户达到87万户。[①]

4G的普及和5G的发展使近些年来的电信业迸发了新的生机。在物联网需求的带动下，我国电信业的基础设施建设逐渐完善，通信能力持续增长。截至2019年6月底，全国互联网宽带接入端口数量达9.03亿个，两年间数量增加了22.19%。仅2019年上半年全国新建光缆线路就达187万公里，光缆线路总长度达到4 546万公里。[②]

3. 软件和信息技术服务业市场稳定发展

近两年来，我国软件业发展稳中有进，正成为数字经济发展的重要力量。智能时代的来临使人们对软件业的需求进一步增大，软件业业务收入和利润总额都持续增长。2019年，我国软件业业务收入已达71 768亿元，连续多年收入持续走高。同时，人均实现业务收入106.6万元，同比增长8.7%，全行业利润总额已实现9 362亿元，同比增长9.9%。行业利润又吸引着从业人数的不断上升，截至2019年年末，我国软件业平均从业人数已达673万人，比上年末增加28万人。[③]

从不同的领域看，软件业的细分行业主要包括软件产品、信息技术服务、信息安全产品以及嵌入式产品。2019年，前述各类别产品的收入占比率分别为28.0%、59.3%、1.8%以及10.9%。软件产品的收入平稳增长，其中工业软件的需求大幅提高，其收入已达1 720亿元，增长14.6%。信息技术服务收入略有增长，实现收入42 574亿元。由于云计算、大数据、电子商务平台的蓬勃发展，使得相应的技术服务创收明显，云服务、大数据服务共实现收入3 460亿元，电子商务平台技术服务则实现收入7 905亿元。信息安全属于新兴业态。随着居民对隐私

---

① 南开大学数字经济研究中心编写组.数字经济与中国[M].天津：南开大学出版社，2021：86.
② 环球网.截至九月底 全国开通5G基站八万余个[EB/OL].（2019-10-31）[2022-11-20].https://baijiahao.baidu.com/s?id=1648862434030715248&wfr=spider&for=pc.
③ 人民网.2019年中国软件业务收入71768亿元 同比增长15.4%[R/OL].（2020-02-04）[2022-11-20].https：//baijiahao.baidu.com/s？id=1657568755328502021&wfr=spider&for=pc.

的重视以及安全意识的提高,信息安全产品的市场规模也在不断扩大。2019年,信息安全产品和服务共实现收入1308亿元。嵌入式产品是我国数字化和智能化进程中必不可少的关键因素,实现收入7 820亿元。[①]

4. 互联网行业多样性需求正盛

我国互联网和相关服务业目前保持稳中向好的发展趋势,业务收入、利润和研发投入都保持着增长态势,各项互联网服务业务保持较快发展速度。互联网业拥有多种形式的需求,涉及网络音乐、网络视频、网络阅读等多个领域。根据2019年快报数据显示,我国互联网企业业务收入为12 061亿元,同比增长21.4%,全行业共实现营业利润1 204亿元,投入研发费用达535亿元。从不同的业务看,2019年,信息服务收入规模达7 879亿元,互联网平台服务企业实现业务收入3 193亿元,互联网企业完成相关的互联网数据服务收入为116.2亿元。[②]

互联网产业的发展已经深刻改变了居民的生活方式,人们的消费习惯也在慢慢改变。随着传统支付方式的变革,第三方支付的市场规模正迅速扩大。

截至2019年6月底,我国网民规模已达8.55亿,互联网普及率为61.2%。[③]随着互联网普及率的不断上升,互联网业的人口红利也有所消减。而由于智能手机等电子设备的普及,PC端互联网的用户流量和黏性都在不断下降。

(二)传统产业的数字化发展

传统产业数字化,主要指云计算、大数据、人工智能、物联网等数字技术向传统产业的研发、采购、生产、销售、服务等环节溢出和渗透,从而使传统产业的创新、生产、管理实践等不断改进的现象。2018年,我国产业数字化规模达到近24.9万亿元,占数字经济增长额的比例达到近80%,并且一直保持着上升趋势,产业数字化已成为数字经济发展的主要驱动力。[④] 随着数字技术与传统产业的深

---

① 南开大学数字经济研究中心编写组. 数字经济与中国[M]. 天津:南开大学出版社,2021:88.
② 2019年规上互联网企业完成业务收入1.21万亿元 同比增21.4% [R/OL](2020-01-22)[2022-11-20]. https://baijiahao.baidu.com/s?id=1656416363982375017&wfr=spider&for=pc.
③ 中国互联网协会. 中国互联网发展报告2019[M]. 北京:电子工业出版社,2019:89.
④ 黄奇帆. 黄奇帆:这个领域未来有可能容纳几十家、上百家万亿元级的创新企业[R/OL].(2020-07-28)[2022-11-20]. https://baijiahao.baidu.com/s?id=1673451225717576393&wfr=spider&for=pc.

入融合，全要素生产率不断提高，一系列新的模式和业态涌现，为我国优化产业结构、转变经济增长方式、寻求经济发展新动能提供了方向。

传统产业与数字技术的结合，产生的是融合型经济，企业工业化和信息化融合（简称"两化"融合）发展水平可以在一定程度上反映融合型经济的发展水平和变化趋势。"两化"融合指数正是度量企业工业化和信息化融合发展水平的指标，主要围绕企业基础环境指数、工业应用指数、应用效益指数三大方面进行评价，旨在引导产业沿着数字化、网络化、智能化的阶段加速跃升。"两化"融合指数越高，代表我国企业工业化和信息化融合发展水平越高，进而说明我国传统产业的数字化程度越高。从2012年到2019年，我国企业"两化"融合指数不断提高，这反映出我国传统产业的数字化程度在逐渐提高。

1. 新型基础设施：传统产业数字化的基础

人类社会经历过农业经济、工业经济，如今已步入数字经济时代。在农业时代，土地、劳动力是核心生产要素；在工业时代，技术、资本是核心生产要素。而在数字经济时代，数据才是最重要的生产要素，对数据有效应用的程度，决定了各行各业的数字化进程，所以以云—网—端（云计算、互联网/物联网、智能终端/App）为代表的新型基础设施在传统产业数字化过程中发挥着决定性作用。在云—网—端的基础上，大数据、人工智能、区块链、生物识别等新技术跨界合作，与传统产业融合，共同推进传统产业的数字化发展。一般新技术在迸发经济潜力之前都会经过一段普及相应设施的时期，所以这些设施的应用情况就可以反映出行业数字化的程度。

（1）云计算

根据美国国家标准与技术研究院（NIST）的定义，云计算是一种按用量付费的模式，用户可通过其提供的可用的、便捷的、按需的网络访问，进入可配置的计算资源共享池。

我国云计算开始于2007年，目前已进入成熟阶段，但与美国相比，仍落后5年左右，处在广泛应用阶段。2018年全球公有云和私有云的比例较上年均有所增加，云计算在企业IT建设中已然成为主流。国内企业云计算的使用情况虽然较为广泛，但与全球相比，仍稍显滞后，使用率仍有很大提升空间。

从行业角度看，当前中国云计算用户主要集中在互联网、交通、物流、金融、电信、政府等领域。近年来，各行业数据量激增，更多领域开始利用云计算技术挖掘数据价值，虽然互联网行业仍是主导，但交通物流、金融等传统行业的云计算规模也占据着重要地位。

（2）物联网+5G

物联网是新一代信息技术的高度集成和综合运用，它是"网络强国"和"中国制造2025"等国家战略的重要基础，对于产业结构升级和优化有重要作用。物联网在工业领域的落地即是工业物联网，工业物联网相当于智能制造的神经系统。所谓工业物联网，就是工业系统和互联网的结合，是将和先进的计算技术、智能分析技术、传感技术、物联网技术融入生产过程。它会将制造业的生产、监控、企业管理、供应链以及客户反馈等信息系统形成一个统一体，通过数据中心，智能处理不同通道数据，进而提高生产率。

当前，我国物联网已经由概念炒作、碎片化应用、闭环式发展进入跨界融合、集成创新和规模化发展的新阶段，在传统产业转型升级、城镇化、信息化、农业现代化建设等方面发挥着积极作用。从产业规模来看，我国物联网近几年增长较快，未来物联网市场上涨空间客观。

随着越来越多的企业使用物联网设备与技术，未来收集到的数据将呈指数级增长，传统技术将无法满足数据的传输与计算需求，5G技术将有效解决这一问题。中国5G发展在全球处于领先地位，华为5G网络专利数遥遥领先，中兴、大唐专利数也名列全球前十，未来中国有望依靠5G加快各产业的数字化转型。

（3）智能终端

智能终端又称智能硬件，使用智能传感互联、生物识别、新型显示及云计算等新一代信息技术，以新设计、新材料、新工艺硬件为载体，以平台性底层软硬件为基础。智能终端是"物物在线"的基础，过去二十年智能终端产品主要包括智能手机、平板电脑、VR/AR设备、智能手表等，未来在成熟的物联网上智能终端会更加多样化，不仅包括日常生活中的智能设备，还将包括生产端的各种设备。

2. 传统产业数字化培育新模式和新业态

随着产业数字化水平的提高，以及国家对于培育制造业新模式的大力扶持，传统产业的生产、组织、服务形式不断向着网络化协同制造、服务型制造、个性化定制的方向转变。

在网络化协同制造下，企业借助消费端和生产端的互联网，打破了与消费者和上下游合作伙伴间的沟通壁垒，促成多方力量加入企业的研发与生产活动中，使得企业活动更有效率、更有针对性。

一直以来，我国过于依赖人口红利参与国际分工，随着劳动力成本的上升，我国在国际市场上的竞争优势势必无法保持。服务型制造，就是要让服务成为制造业增加值的重要组成部分，可使企业向微笑曲线的两端迁移，以获取更多价值。

智能终端、互联网、大数据和云计算等信息通信技术使得企业在把握客户的需求上更加轻松、准确、快捷，在这些技术条件下，进行个性化定制便十分自然了。企业通过互联网采集客户信息，进行有针对性的研发、设计、生产，并与客户形成良性互动，动态掌握客户的需求变化，提升顾客忠诚度。

从以上三个方面可以看出，在数字技术的助力下，我国的产业转型升级已经初见成效，未来要改善经济发展方式、提升经济增长质量，仍要充分重视和发挥数字经济的力量。

3. 电子商务平台助推传统产业数字化

在数字经济时代，平台是协调资源和配置资源的基本组织，其中电子商务平台在当今商业社会中更是有着重要作用。供需双方通过平台快速精准匹配，可以节约搜寻、契约等交易成本，减少双方之间的信息不对称，提升交易质量。同时，依托大数据、云计算等技术，平台还可以提炼用户信息，为用户画像，借以指导供应方的研发、生产、服务，以满足消费者的多元化需求。在此过程中，企业凭需定产，对数据的依赖度提升，使得传统的生产模式被打破，并重组成数据利用率更高的新模式。企业层面的变迁经过集聚、扩散，会带动产业整体实现数字化的转型升级。

（1）to B 端（面对企业）

企业采购电商按照运营模式可以分为平台模式和自营模式。平台模式电商侧重于发挥平台整合信息的渠道作用，更类似于交易中介，撮合买卖双方进行交易，其本身不会参与构建供应链。在这种模式下，平台会为入驻企业提供如品牌建设、营销推广、产品升级与开发协助等服务，帮助企业提升获客量、增加客户黏性。自营模式电商则会参与供应链，自己建造采购、仓储、配送的系统，为客户供应货源。目前，在中国的企业采购电商市场上，采用平台模式的居多，平台利用自身对资源的匹配能力，为企业赋能，从而促进行业的数字化转型。

（2）to C端（面对用户）

同企业电商一样，to C端的电商平台为厂商提供消费大数据，如订单数据、流量数据、人群数据，指导厂商生产，帮助厂商预测销量，实现私人定制，从而助力厂商实现智能制造，推动产业数字化发展。

（3）各行业电子商务发展情况

2018年电子商务交易排名前五的行业为住宿和餐饮业，文体娱乐业，水利、环境和公共设施管理业，批发和零售业，制造业（信息传输、软件和信息技术服务业为数字产业化范畴，不予考虑）。根据目前各行业的发展情况来看，这几个行业的数字化程度也是相对较高的，可见电子商务在传统产业的数字化过程中的确发挥着一定作用。

（三）三次产业的数字经济发展

1. 总体情况

根据《中国数字经济发展与就业白皮书（2019年）》，2018年我国的产业数字化规模超过24.9万亿元，占当年GDP的27.6%，但行业之间的数字经济发展水平差异较大，服务业的数字经济发展水平最高，2018年服务业的数字经济占行业增加值达到35.90%；工业次之，所占比例为18.30%；而农业的数字化水平最低，仅为7.30%[①]。

2. 分产业情况

（1）农业数字化水平落后

2018年我国的农业数字经济占农业增加值比例仅为7.3%[②]，远低于工业和服务业。利用投入产出表，计算出信息通信技术产业作为中间投入在三个产业中间投入中所占的比例，这一比例代表着三个产业对信息通信技术的利用率，可以在一定程度上反映出三个产业的数字化水平。我国第一产业对于信息通信技术的利用率远远低于第二和第三产业，这与中国信息通信研究院得出的结论一致，我国农业的数字化转型进程确实相对滞后。

---

① 《中国数字经济发展与就业白皮书》发布：数字经济规模超30万亿[R/OL]（2019-04-19）[2022-11-20]. https://www.hndnews.com/p/270053.html

② 吉富星. 加快补齐农村数字经济短板[N]. 经济日报，2021-1-27（05）.

农业数字化强调的是大数据、人工智能、物联网、遥感系统、全球定位系统、地理信息系统等新兴技术在农业生产中的运用。目前，我国农业数字化发展尚处于初期阶段，所以关于数字农业的成熟模式有很多说法。成熟的数字农业主要由农业物联网、农业大数据、精准农业、智慧农业组成，其中，农业物联网收集农业数据，精准农业和智慧农业将数据处理成农业大数据，农业大数据经过分析提炼，又可以反过来指导其他环节。

数字技术与传统农业融合催生的技术手段可以有效解决农业生产中存在的问题。根据《农业信息科技发展研究报告促进农业发展，推动乡村振兴》，目前在农业种植业领域，农业物联网、水肥一体化、无人遥感等技术，可以使化肥、农药和水的用量更加准确，提高生产效率；在畜牧业领域，畜牧养殖物联网与人工智能可以有效解决饲料成本高、养殖环境差、人工效率低等问题；在渔业即水产业领域，水产养殖物联网则可以减少养殖水污染、用药不规范等问题产生。

2011年，国家发布了《全国农业农村信息化发展"十二五"规划》，正式开启了我国农业信息化建设的工作。近几年来，国家对于农业农村的发展愈加重视，相关政策不断出台，特别是党的十九大报告中提出的乡村振兴战略，在农业方面着重强调了建设农业物联网、推进农业科技发展的重要意义。在政策落实过程中，农业数字化相关项目可以获得高额补贴，享受多种优惠政策，项目落地速度加快，信息通信等技术与农业的融合也将更进一步加速。另外，新兴技术的不断发展，以及应用成本的降低也将使农业数字化推进更为迅速。

（2）工业数字化平稳推进

智能制造是我国实现工业4.0、《中国制造2025》规划等的重要战略部署，强调数字技术在工业领域的应用。2019年中国政府工作报告明确提出：拓展"智能+"，为制造业转型升级赋能[1]。工业机器人、工业互联网、工业软件、工业云平台等是打造智能制造的重要基础，它们在工业领域的发展阶段与渗透程度反映了工业数字化的状况。

①工业机器人

工业机器人通常是指工业领域的多关节机械手臂或多自由度的机器装置，能够自动执行工作，靠自身动力和控制能力来实现各种功能。工业机器人多应用于

---

[1] 李克强. 政府工作报告——2019年3月5日在第十三届全国人民代表大会第二次会议上[J]. 中华人民共和国国务院公报，2019（09）：6-20.

搬运、焊接、装配和拆卸等传统生产环节。对工业进行自动化改造，是智能制造初期的关键任务。

根据 IFR（国际机器人联会）的《全球机器人报告 2019》，2016—2018 年，我国工业机器人的运营库存（当期使用的机器人总量）和安装量（当期新增机器人数量）均为世界第一，也就是说我国的工业机器人市场是世界上最大、增长最快的工业机器人市场。

从行业分布来看，工业机器人绝大部分部署在了制造业领域。汽车制造业和电子制造业的工业机器人应用量远远超过其他细分领域，这与行业的本身特点和发展状况有关：一方面，这两个行业生产过程中，可流水作业环节较多；另一方面，我国是世界上最大的汽车消费市场以及汽车生产基地，也是电子设备、电池、半导体等的主要生产国。得益于工业机器人行业的繁荣，企业的自动化水平在近年来也在不断攀升。

②工业互联网

随着消费端互联网的成熟，企业层面的互联网建设也进入了关键期，工业互联网是信息通信技术与现代工业技术深度融合的产物，也是目前世界各国产业竞争新的制高点所在。通用电气公司 2013 年推出的 Predix 工业互联网平台产品，吸引众多企业加入互联网平台的竞争中来，从而奠定了后来的世界竞争格局。2019 年底，我国工信部更是发布了"5G + 工业互联网"512 工程推进方案，以期在第四次工业革命中能抢占先机。现阶段，中国工业互联网规模在不断扩大，并且增长速度显著，这说明我国工业互联网建设工作正在迅速推进，布局扩大。

③工业软件

工业软件是企业实现研发、设计、生产、服务等环节数字化的重要工具，目前三类主要的工业软件中，生产管控类普及度不够，产品研发类表现也存在不足，只有经营管理类软件的使用较为普遍。但是，要实现企业的智能制造，关键工业软件的开发和普及就必须再上几个台阶。

（3）服务业数字化表现优越

服务业的数字化表现明显优于工业和农业，一直保持着高水平的快速发展势头。新一代信息技术在第三产业的不同行业中存在着不同的应用场景，这些新兴技术深入各行业的产业链，在对全链条进行改造重构的同时，不断创新，拓展出许多新的行业发展业态和模式。下面选取了较为典型的第三产业细分行业来分析新一代信息技术在这些行业的发展状况。

①交通行业

交通行业与人们的生活息息相关，随着经济的发展，人们的出行需求不断增长，海运、陆运和空运的负荷也越来越重，拥堵现象和安全问题成为影响人们出行体验的首要原因。要解决这些问题，需要提高人与车、船等的交互效率，进行宏观层面的规划。5G、云计算、人工智能等技术在交通行业的应用，催生了智慧交通，智慧交通通过对网络传输、整体规划和智能应用等方面的优化能够明显改善出行质量。

智能交通是智慧交通的初级阶段，由交通管理系统和交通信息服务系统组成。目前，我国智能交通在集成应用方面已经跻身国际先进水平，北京、上海、广州、深圳等城市已经建成了具有国际先进水平的智能化交通管理系统，如高速公路联网电子收费系统（ETC）。截至2019年6月，我国有29个省份开通了ETC通道，建成了ETC专用车道20 884多条[①]。在政策和技术的双重助力下，我国智能交通行业的市场规模逐年扩大，预计未来还将持续保持这一增长态势。

目前关注度较高的车联网，正是未来智慧交通的重要组成部分。车联网一共经历了三个主要发展阶段：以最早的车载信息为起点，车辆具有联网的基本功能；现阶段智能网联，通过V2X（车用无线通信技术），车辆和路开始一体化协同；进入未来智慧出行阶段，随着智能交通、自动驾驶技术的进步，车路协同显得更为重要。中国目前处于车联网发展的第二阶段智能网联汽车阶段，自动驾驶正是这一阶段要攻克的难题。在我国，自动驾驶尚处于开发测试阶段，根据《2019年度中国城市交通报告》，截至2019年底，国内累计有22个城市已发布自动驾驶测试政策，多个城市发放自动驾驶路测牌照，广州、长沙、上海、武汉、沧州、北京六个城市则已经开放载人测试。还有多个城市相继拥有了国家级自动驾驶或智能网联汽车测试及示范区，如北方的长春、南方的武汉。

②物流行业

我国实体经济体量巨大，催生了旺盛的物流需求，使物流业成了我国国民经

---

① 前瞻产业研究院.2019年中国智慧城市行业市场现状及发展前景分析[EB/OL]（2019-12-13）[2022-11-20].https://www.asmag.com.cn/news/201912/101983.html.

济的支撑性行业。每次技术的升级换代都会给物流行业带来巨变，我国物流业经历了机械化、自动化的阶段，目前已进入智慧化的阶段，这正是得益于大数据、云计算、人工智能等技术的兴起。

伴随着物联网，人工智能的蓬勃发展，新零售、智能制造势必会对物流产生更高要求，智慧物流市场前景广阔，2025年前有望实现万亿元的规模。在5G技术日趋成熟的今天，今后物流企业可实现末端配送、仓储分拣的更新等，创造更加高效、较低成本的智能物流体系。

③零售业

零售是连接消费者和生产者的中间环节，经历过百货商店、连锁超市、超级市场、电子商务四次革命，目前正处在第五次革命——新零售之中。新零售是由马云在2016年首次提出的，市场上对于这一概念有多种理解。概括来说，新零售是以消费者为中心，以行业降本增效为目的，以技术创新为驱动要素的零售业态。

新生代消费崛起与大批技术进入应用爆发期，推动传统零售业进行数字化升级。目前，"80后"和"90后"已成为我国消费的主力军。我国人口年龄结构中，"80后"和"90后"合计占比高达30%，这一群体教育水平和收入水平较高，对于新事物的接受能力强，数字化程度高。随着这一群体的购买力水平不断上升，其消费诉求越来越倾向于质量诉求，追求个性化、差异化，其购物方式不再偏爱于某一种，而是全渠道购物。

另一方面，5G、人工智能、物联网、移动互联网、云计算、VR等新一代信息技术不断成熟，大大降低了新兴技术应用门槛，一些公司首先运用了最新科技，实现传统零售数字化的改造和提升，达到了运营效率与消费者体验双丰收的效果。

以便利店为例，国内便利店通过在智能配送、无人店/无人货架、会员体系等领域布局，打通线上线下壁垒，积极推进零售业的数字化，2018年已在这三个领域布局的便利店比例分别达到77%、38%、60%[①]。从2016年起，越来越多的国内便利店开始引入网上零售，并且线上销售收入占比逐年增加，新零售业态愈发凸显。

---

① 南开大学数字经济研究中心编写组.数字经济与中国[M].天津：南开大学出版社，2021.

（四）各地区数字经济发展与产业结构升级

中国幅员辽阔，各省的发展水平截然不同，在产业环境、要素禀赋、政策导向等方面存在显著差异。这些现实基础导致各地区的数字经济发展情况表现出明显的区域特征。数字经济与产业融合程度的不一致导致了各地区产业结构升级步伐的不协调。东部沿海省市具有明显的集聚效应，其制造业与互联网融合的水平更高、步伐更快，明显领先于全国，成为我国数字经济发展第一梯队的重要力量。

1. 基础型数字经济

从软件业的发展看，各地区的发展水平差距巨大。东部地区的软件业集聚效应明显，其收入数额是其他三个地区总值的近四倍。在增速方面，中部地区和西部地区都超过了东部地区，分别达 22.2% 和 18.1%，这表明中、西部地区虽然步伐滞后，但是数字经济的发展态势较好[1]。而东北地区则在业务收入和增速两方面处于劣势，产业环境欠缺。

根据 2017 年的软件业务收入来看，我国各省份相差梯度层级大。广东、江苏、北京三个省份处于全国软件业发展的领先水平，已经形成了较为稳定的产业模式以及良好的数字经济基础。其中，广东省 2019 年全年软件业务收入达 71 768 亿元，是全国唯一一个软件业务收入超过万亿元的省。北京、江苏、浙江、上海的发展紧随其后[2]。四川、福建、辽宁等多个省份的软件业初具规模。青海、宁夏、内蒙古等多个省份的软件产业发展滞后，数字经济发展需要注入更多活力。

从互联网业的运行情况来看，2019 年，东部地区互联网业务收入加快增长，其互联网业收入值已占全国的 90.9%[3]。中西部地区则增势明显，具有一定潜力。东北地区的互联网业务则发展滞后，远低于其他地区的水平。

2019 年，互联网累计收入的前五名分别是广东、上海、北京、浙江、江苏，这五个省份的互联网业务收入占全国的 87.1%，宁夏、安徽、海南、江西等省份增幅明显[4]。

---

[1] 南开大学数字经济研究中心编写组.数字经济与中国[M].天津：南开大学出版社，2021.
[2] 广东 2019 年软件业务收入全国第一[R/OL]（2020-02-04）.http://www.gd.gov.cn/zwgk/sjfb/sjkx/content/post_2883758.html.
[3] 南开大学数字经济研究中心编写组.数字经济与中国[M].天津：南开大学出版社，2021.
[4] 南开大学数字经济研究中心编写组.数字经济与中国[M].天津：南开大学出版社，2021.

2. 两化融合

根据两化融合服务平台2019年的统计数据显示，全国两化融合水平指数为54.5，其中，江苏、山东、浙江、上海、北京、广东、重庆、天津、福建、四川的两化融合水平领先于全国。这些省份大多集中在东部地区、环渤海地区和川渝地区，GDP领先和经济基础较好的优势使它们率先开始进行产业升级，将制造业与互联网相结合。相较而言，信息化步伐较为滞后的省份主要集中在西部地区。这些地区的经济基础相对薄弱，基础性数字经济的发展本就受到产业结构、要素禀赋等因素的约束，工业相对落后，两化融合的步伐也相对更缓慢。

工业信息化的过程，无疑是优化省内的产业结构、提高生产效率的过程。随着智能技术的发展，智能制造可以使企业脱离传统的产业模式。企业可以将生产流程中简单重复的工作交给智能机器处理，向着生产自动化发展，从而提升经济效益。另外，智能制造系统往往还具有自学的功能，可以在实践中不断地优化性能，在一定程度上起到了帮助生产者决策的作用，大大节约了人力成本。智能制造就绪率，是衡量企业拥有智能制造情况的指标，在一定程度上可以反映我国工业化和信息化的进程。在智能制造就绪率方面，浙江、山东、江苏三个省份领跑全国，均达到13%以上。而西部地区和东北地区却低于全国水平，省域间差距很大。浙江省与甘肃省的智能制造就绪率相差约14个百分点[1]。

工业云平台整合了数据分析、技术交流、模拟仿真等多个功能，具有高速运算、弹性使用等多个优良性能，为企业优化了生产流程。工业云平台的应用可以从多个方面提升企业的效益。第一，提高生产效率。工业云平台的应用可以使生产者更加直观地看到实时的生产数据，其数据分析功能可以对生产者的决策起到辅助作用。第二，降低成本的投入。云平台的出现可以让更多企业专注于自己的优势，减少固定投资与运维人员的费用，其按需使用的特点也可以优化资源的配置。第三，工业云平台的虚拟现实与仿真应用技术可以解决制造业研发效率低下、产品设计周期较长等问题。

3. 企业信息化

根据艾瑞咨询的统计，2018年我国企业采购电商市场交易规模超6000亿元[2]。

---

[1] 南开大学数字经济研究中心编写组.数字经济与中国[M].天津：南开大学出版社，2021.
[2] 2019年中国企业采购电商市场研究报告[R/OL]（2019-05-20）[2022-11-20].https://baijiahao.baidu.com/s？id=1634036261682986556&wfr=spider&for=pc.

电子商务平台的发展无疑为企业提高了经济效益。一方面，电子商务平台的发展使企业获取信息的成本更低，促使企业找到更加适合的上游企业和质量更加优质、成本更加低廉的原材料。传统的商业模式中，上游企业的拓展具有严重的区域特征约束，而信息技术的发展使得企业可以获取距离更远的供应商信息，从而匹配到更加适合自身的商品。此外，物流配送、采购价格与品类丰富性等优势都受到企业的青睐。另一方面，电子商务平台的高速发展也改善了销售环境，可以为企业扩大销路。企业可以通过在电子商务平台上设置产品展示窗口的方式，挖掘到更多的需求者，扩大需求者的规模。与此同时，企业也减少了一定的销售成本，促进了生产的良性发展。

传统商业模式的区域限制，可能使浙江、山东、江苏的资源处于匮乏状态，省内市场上流通的产品可能也缺乏多样性。而电子商务的发展很好地解决了这些问题，既可以将本省内优良或者具有特色的产品送出去，也可以将本省处于生产劣势的商品买进来。这些优点可能是本地企业从事电子商务交易的最主要动力，促使着这些省份电商的应用率提高。与之相反，东北地区吉林和黑龙江电子商务交易的企业比重是最低的，其电子商务的发展水平也处于滞后状态。

随着互联网科技的发展，企业的各项流程也得到简化。信息化技术已经渗透到企业的办公、管理、推广等多项活动中。2017年，全国范围内使用计算机、使用互联网、采用信息化管理、通过互联网开展有关生产经营活动的企业比重分别为99.7%、99.5%、96.7%和99.5%，均已经接近于100%[1]。各省的企业也趋于全覆盖水平，并无明显差异。其中，五年内，使用互联网的企业比重和通过互联网开展有关生产经营活动的企业比重均上升了16.5%。

但截至2017年，使用互联网进行宣传和推广的企业比重为84%，这一指标还有待进一步提高。互联网的使用，在一定程度上可以降低推广成本和宣传成本。支付一定的费用就可以在第三方平台上插入相关的推广，并且还会定向推送到需求用户的手机中，这一做法相较之前更有效率并且拥有更强的目的性。从全国来看，山东、河南、湖北、湖南、安徽等多个省份高于全国水平，比重分别为91.5%、89.4%、89.3%、88%和87.9%。而西藏、辽宁、天津、山西、新疆的比重相对较低，约低于全国水平10个百分点[2]。

---

[1] 南开大学数字经济研究中心编写组.数字经济与中国[M].天津：南开大学出版社，2021.
[2] 南开大学数字经济研究中心编写组.数字经济与中国[M].天津：南开大学出版社，2021.

第四章 互联网时代数字经济的创新驱动

本章为互联网时代数字经济的创新驱动，主要从加快建立互联网时代数字经济创新的物质驱动、加快培养互联网时代数字经济创新的人才驱动、加快促进互联网时代数字经济创新的产业驱动这三方面展开。

第一节 加快建立互联网时代数字经济创新的物质驱动

一、互联网的发展情况

（一）网民

根据国际电联（ITU）数据，2016 年世界网民规模达 34.88 亿人，占总人口的比例为 47.1%，占比接近一半。另据互联网数据统计机构 Internet World Stats 数据，冰岛、丹麦、荷兰、挪威、塞浦路斯等国家的互联网普及率已超过 95%，"国民即网民"的状态加快来临[1]。就规模来看，中国、印度、美国、巴西、印尼、日本和俄罗斯等七个国家的网民规模居前，均超过 1 亿人。印度和印尼两个人口大国近年来网民规模增长迅速。

我国网民规模经历 10 多年的快速增长后，人口红利逐渐消失，网民规模增长率趋于稳定。根据中国互联网信息中心（CNNIC）数据，截至 2016 年 12 月，我国网民规模达 7.31 亿，全年共计新增网民 4299 万人；互联网普及率为 53.2%，较 2015 年底提升 2.9 个百分点[2]。

---

[1] 马化腾，孟昭莉，闫德利，等 . 数字经济：中国创新增长新动能 [M]. 北京：中信出版社，2017.

[2] 马化腾，孟昭莉，闫德利，等 . 数字经济：中国创新增长新动能 [M]. 北京：中信出版社，2017.

（二）终端

2007年初，苹果公司研发出第一代智能手机，自此，移动互联网已发展了十几年。移动互联网在过去的十几年中一路高歌，传统商业模式被彻底颠覆，衍生出许多新业态，如共享经济、O2O等。移动互联网已经是互联网产业最重要的基础设施。

市场调研机构Stat Counter曾做过一项统计，2016年10月，全球智能手机、平板电脑在全球互联网使用量中占据51.3%的份额，PC端占48.7%。在全球范围内，移动互联网的使用量首次超过传统互联网。中国、日本、韩国、英国等国，移动互联网占据着绝对优势。例如艾瑞咨询的数据显示，2016年中国移动购物占网络购物交易总额的70.7%[1]。它预示着世界移动互联网时代的全面来临，互联网的发展已经步入了后移动时代。

二、云计算的全面发展

"云计算"这一概念最早是由谷歌于2006年提出；同年，亚马逊先后推出了在线存储服务（S3）、弹性计算云服务（EC2）。谷歌与亚马逊一起拉开了云计算迅猛发展的帷幕。在过去的10年中，各类公司都在发展云计算。云计算改变着IT产业的格局，进入市场的收获期。

中国的云计算市场规模相对较小，但发展迅速。其中，阿里云和腾讯云处于领先位置。云计算是阿里巴巴当前的发展亮点。截至2016年底，阿里云付费用户数量增长至76.5万，同比翻番；从2015年第二季度开始，其营业收入连续七个季度实现三位数增长。腾讯的云服务收入也呈爆发式增长，2016年增长逾两倍。2016年12月，腾讯云开放了11个海外服务节点。至此腾讯云在海外的服务节点增至14个，加上国内5个数据中心，腾讯云一共拥有19个全球服务节点。腾讯云也因此成为全球云计算基础设施最完善的中国互联网云服务商[2]。

云计算发展迅猛，推翻传统IT基础架构，给IT厂商带来很大的影响。IT巨头主动进行业务布局调整，如赛门铁克、惠普等均是一拆二，IBM出售x系列服

---

[1] 孟昭莉，闫德利.2016年世界互联网发展报告[J].时代经贸，2017（04）：32-51.
[2] 马化腾，孟昭莉，闫德利，等.数字经济：中国创新增长新动能[M].北京：中信出版社，2017.

务器、戴尔收购了EMC（易安信）等。一些老牌厂商，如微软、IBM、甲骨文、联想、英特尔等已经将云计算看成新的企业战略中心。

国内云计算厂商不断增加。金山于2014年底公布"All-In云服务"的三年战略，开辟了以行业云为核心的差异化战略。网易公司也有所行动，2015年起网易陆续上线网易云信、网易七鱼等云服务，施行场景化服务与知识体系输出的云战略。京东、百度云和美团云的发展也是日新月异。

历经时间考验，云计算使传统的商业模式以及市场整体运行模式发生变革。在市场接受度不断提升的今天，云计算已经步入市场收获阶段，成了商家必争之地，成为科技公司发展的动力。放眼未来，云计算将为深度学习与人工智能技术的繁荣发展提供新契机，有较大的发展想象空间。

三、人工智能进入黄金时期

1956年，达特茅斯夏季人工智能研究大会召开，麦卡锡、香农等10位青年学者在会上第一次提到人工智能（artificial intelligence，AI）的概念。之后，人工智能又经历了六十多年跌宕起伏的发展。当年的十位科学家陆续离开了我们，最后一位——明斯基于2016年初去世。

一个时代于2016年结束了，新时代也从此开始。2016年3月谷歌AlphaGo（阿尔法围棋）击败韩国围棋九段选手李世石震惊全球，燃起大家对于人工智能的兴趣。引起人们普遍关注的背后，是新一轮技术创新的支撑，将人工智能的发展推上快车道。互联网、大数据与传感器的应用随处可见，以云平台为基础的大规模计算能力，以及算法取得了重大突破，计算机已能够依靠深度学习来自主地执行更多复杂工作，人工智能已无所不在。

目前移动互联网时代已进入尾声，后移动时代悄然来临。后移动时代战略已被有前瞻性的科技巨头公司当作战略支点，着力打造云计算人工智能服务生态系统。Facebook、亚马逊、谷歌、百度等公司在2016年陆续公布要将人工智能当作公司未来的核心业务。4月份，扎克伯格也在F8开发者大会中提出Facebook未来十年的发展战略，人工智能是其远景规划三大支柱中的一个。同年6月，亚马逊创始人贝佐斯公布，预计Alexa语音助手将是继电商、Prime（亚马逊高级会员服务）和AWS（亚马逊网络服务）之后的公司第四大业务支柱。同年10月，谷歌发布了公司发展战略将会从"移动先行"（Mobile First）向"人工智能先行"（AI First）转变。

在人工智能机遇与挑战并存的局面下，微软、亚马逊、Alphabet、IBM、脸书（Facebook）等公司在 2016 年 9 月份共同宣布建立人工智能伙伴关系（Partnership on AI）；4 个月之后苹果公司加入进来。人工智能伙伴关系承诺，对人工智能技术进行推广，未来也会制定人工智能领域研究人员应遵循的行为准则，并且根据目前在这方面所面临的挑战和机遇，提供了一些有益且行之有效的方法。

从国内发展来看，在人工智能领域布局比较早的是百度公司。该公司在 2013 年建立深度学习研究院、硅谷人工智能实验室；2016 年 9 月发布百度大脑，发布会现场，李彦宏表示，百度将会把人工智能当作核心中的核心。腾讯也成立了人工智能实验室，重点关注自然语言处理、语音识别、机器学习、计算机视觉等领域的发展。

四、区块链

区块链技术起源于比特币，2008 年，一名化名为"中本聪"（Satoshi Nakamoto）的学者在其发表的《比特币：一种点对点电子现金系统》一文中首次提出区块链的概念。区块链使传统分布式系统协作模式更加广泛，解决点对点对等网络中数据的一致性。与传统的以单一信用背书实体为依托的信任机制有所不同，区块链技术在公认的算法基础上，建立新的信任机制。由于算法具有客观性，就算网络上有恶意的节点，也能确保业务处理的正确性不受影响。这也是区块链技术的突出价值所在，可以让很多行业领域都获益。

区块链技术是比特币的基本技术，其发展之路一波三折，困难重重。起初各国监管机构在比特币监管与效率方面存在着争议，最近几年人们才广泛意识到区块链技术在未来公共服务供给、经济体制的转变、社会生活机制的优化等方面具有重要的潜在应用价值。随着政府对区块链认识的加深，政府有关部门在国家战略层面上重视和促进区块链发展，努力引领区块链技术未来发展。

就国际组织而言，联合国社会发展部（UNRISD）在 2016 年初发布《加密货币以及区块链技术在建立稳定金融体系中的作用》的报告，对使用区块链技术建立更牢固金融体系提出设想，并且得出在国际汇兑、国际结算、国际经济合作及其他方面，区块链技术正在发生巨大作用，未来还有更广阔的发展空间；国际货币基金组织也就各国所关心的数字货币问题做了《关于加密货币的探讨》的报告，具体分析说明了基于区块链技术加密货币未来的发展趋势。

在美洲，不同监管机构站在不同监管领域表明立场，支持区块链技术的应用。美国司法部于2015年11月召开数字货币峰会，提出要加强政府与产业之间的交流；美国证券交易所已核准区块链公司的股票交易；美国商品期货交易委员会通过加大监管力度的举措，来支持区块链技术的发展，目前该交易委员会已将比特币作为大宗商品来进行监管；美国国土安全部也开始对区块链技术在国土安全分析与身份管理方面的应用进行研究。

在欧洲，2016年年初，英国政府部门发布的分布式账本技术研究报告中，首次综合分析区块链技术未来的发展与应用，并提出研究意见。这篇报告也是目前最全面、第一次从国家层面进行区块链领域政策制定及研究的报告，可供世界各国参考和借鉴。2015年岁末，俄罗斯互联网发展研究所将载有区块链技术的发展路线图呈送给总统普京，为今后这一技术的开发制定法律框架。突尼斯于2015年12月下旬宣布，已经着手研究采用加密技术来发行本国货币的问题，以期增强自身金融服务能力。立陶宛在波罗的海地区召开最大规模区块链会议，时间是2016年4月份，会议主要围绕数字货币解决方案、分布式账本协议等议题展开，努力把立陶宛打造成一个全球性金融和科学技术（Fintech）中心。欧洲中央银行还探讨了如何把区块链技术运用到区域内证券与支付结算系统中。

在亚太地区，澳大利亚中央银行表示，支持本行积极探索分布式账本技术，建议全面实现数字货币澳元的发行，充分发挥区块链的技术优势，对传统金融服务进行创新。2015年10月16日，日本经济产业省举行了金融科技会议，会议对区块链技术未来的发展和影响进行了专题研讨。2015年11月13日，新加坡总理要求国内银行及监管机构密切注意区块链及其他最新技术的进展，不断提高自身技术，不断创新商业模式，提升服务水平。2016年2月3日，韩国央行发布题为《分布式账本技术和数字货币的现状及启示》的研究报告，在数字货币、分布式账本技术等方面展开了积极的研究和讨论。在国内，中国人民银行、工信部也正在积极探索促进区块链技术及其应用的发展，以期对其价值的发挥有所裨益，提前预防风险。

第二节　加快培养互联网时代数字经济创新的人才驱动

当前，我国处于数字经济转型期和全面深化改革的重要历史机遇期，数字技术的使用不能自动引导数字能力的发展，培养新时代数字人才成为我国深化数字经济发展进程中的重要一环。

一、提高全民数字素养

数字经济下，以互联网、云计算、大数据、物联网、人工智能等为代表的数字技术已被公认为第四次产业革命的重要驱动因素。数字技术不但会成为各国经济增长的新动能，其广泛融入各行各业，也会给传统行业的商业逻辑、组织形态和运行方式带来深刻变革，从而改变各行业对人才的需求，进而给各行业的就业领域、就业形式、就业人群乃至整个就业生态带来革命性改变。

1997年，学者保罗·吉尔斯特首次提出"数字素养"的概念。在他看来，数字素养的内容主要是对数字信息的获得、认识和集成的能力，具体包括网络搜索、超文本阅读、数字信息批判与整合等技能[1]。

数字素养在实践活动中不断充实，必须不断完善其内涵，才能适应新时代的发展。当今的"数字素养"，可视为新技术环境中，从获取、理解、整合到评价、沟通的全过程中使用的数字资源，既有数字资源接受能力，还包括对数字资源能力的赋能。

（一）数字素养是 21 世纪首要技能

不管是对于个人，还是对于国家来说，提高数字素养都十分有益。对个人来说，数字素养如何，影响了其适应时代发展的能力，关系到他面对当今大量的数字化信息，是否能够高效地获取信息，进行信息传递，享受数字媒介社会所提供的便捷。对国家来说，其国民数字素养亦越来越成为国民素养提升的重要内容，影响到该国国民综合素质的提高，甚至决定该国是否能在数字经济时代抢占先机，独占鳌头。

数字素养所具有的功能和意义，被越来越多国家与机构所关注。美国 21 世

---

[1] 华强森，等. 崛起的中国数字经济 [M]. 上海：上海交通大学出版社，2018.

纪技能合作组织将"21世纪技术"中"数字素养"列为第一类素养予以强调。许多发达国家还积极推出了提高数字素养的措施。美国已形成一整套多主体、多元化的体系,全方位培养国民数字素养。政府充当引导者、服务者的角色,制定优惠政策,促进社会数字素养发展,还为基础设施的建设提供巨额资金,支持数字素养的培养;教育领域,工作人员系统地进行了研究,拟定了一套较为合理的、切实可行的方案,并通过多元化课程体系来实施。而社会组织在其中同样起着决定性作用,一方面,社会组织是政策的建议者,一方面,社会组织也是独立教育者,积极补充政府及教育系统难以达到之处。

欧洲和美国一样组建了政府、教育机构与社会力量三个层面协同发展的系统。而政府则充当了数字素养教育引导者、框架制定者的角色;教育机构开展教育,也不是直接建立数字素养的课程体系,是把它融入每一门课程的教学过程中;社会力量承担教育责任,也不是像美国的模式那样,以智库和其他研究机构为主,他们主要通过图书馆、图书馆协会来进行培养,由此产生出一套独具特色、行之有效的欧洲模式。

日本建立了一套以公民本身为实践基础,而不是被动受教育的数字化媒介素养培养模式,称之为"日本模式"。该模式之所以能很好地发挥作用,其根源在于日本媒介素养教育发展水平已有相当高度,公民能够在不断地实践中提升自身的数字媒介素养,并把他们的媒介素养延伸至数字化时代,延伸至与数字资源互动过程中。

(二)提高劳动力素质

随着数字时代技术的不断进步,各式各样的工作都对劳动力的数字素养提出了标准更高的要求。工作形式也越来越多地转向使用计算机或移动设备,以在线形式进行,这些工作无疑要求求职者拥有基本的数字素养,才能被雇用或是提升。在覆盖面更加宽泛的工作中,用人公司要求劳动力拥有基础性的计算机和网络知识,以满足工作需要,提高工作效率。

对于传统意义上的"蓝领工作"来说也是如此。即使是日用品生产商和零售商一类的雇主,也会对销售数据做出适当的数据收集和分析,从而紧跟市场的节奏以保持其竞争力。在这样的背景下,这些生产商和零售商的雇员,也被要求具有一定的数字素养，能够对这些数字资源进行收集和整理，并向雇主提供有效的信息和反馈。因此，数字素养在新的时代下，对于提升"白领"甚至传统意义上"蓝领"的劳动力素质而言，都有着不容忽视的意义。

（三）缩小不同用户间的数字鸿沟

数字鸿沟有两方面内容：第一，数字设备与数字基础设施之间存在着差距；第二，数字素养上存在差距。弥合鸿沟的关键在于，不断提升数字素养并加强数字基础设施建设。不管是对数字原住民来说，或者对数字移民而言，数字素养的培养都十分重要，数字素养提升增强他们对数字媒体、数字资源的综合应用能力，把数字鸿沟变成数字机遇。

在信息大爆炸时代，数字素养在社交媒体的应用领域有着明显的价值。在社交媒体上自由表达的能力、对海量信息的鉴别能力都取决于用户本人数字素养的高低。数字素养深刻地影响着网络用户在社交媒体上的言行，决定着其身份特征，决定着其在当今时代不可回避的社交媒体交流中能否应对自如。

培养人们在数字媒体下的数字创造性是培养数字素养的一个良好方式，它可以帮助人们通过社交媒体与他人进行交流并追赶时代潮流，传递正确、有效的信息，识别网络上的虚假信息，维护网络空间的清朗。Facebook、谷歌等社交媒体也积极采取措施打击假新闻。Facebook将设置新的举报按钮，并通过功能设计上的变化、算法的变化，来阻止虚假信息的传播。除了政府和企业的努力外，民众数字素养的提高也将对减少虚假信息传播起到巨大作用。

（四）创新教育以提高数字素养

越来越多的国家开始正视数字素养的培养，将其融入国民教育课程中，更有一些学校把培养数字素养作为教学的重要目标，期望以此紧跟技术变革步伐。通过对学生数字素养的培养，学生的数字素养、数字能力都能够得到明显提高。此外，数字素养本身便是教育学生适应当前时代的一个重要内容。正因为这样，数字素养在教育领域的作用还体现在教育体系本身便要求教师具有足够好的数字素养上，如此方能教给学生获取资源的方法并传递给学生数字资源。不仅学校教育，社会组织同样肩负着教育职责。数字时代下，图书馆这一重要的社会信息枢纽逐步发展起来，形成一个日益健全的数字图书馆环境，起到了数字素养教育作用。

民众数字素养水平直接关系到一国的数字鸿沟情况及相应的结构性失业和贫富差距问题，更关系到一国整体的数字经济发展水平。为了提高全民的数字素养水平，一方面，政府要与各方合作，开展面向全民的数字素养教育。例如，欧盟发布了《2015欧盟数字技能宣言》《欧洲新技能议程——通力合作强化人力资本、就业能力和竞争力》等政策，为提高欧洲全民数字技能提出了方案；对于某些特定群体，如失业人员，政府可以通过开展数字素养培训，职业技能培训等方式，帮助他们转岗就业。另一方面，国家要全面加强学校数字素养教育，增强学生数字能力。对于在校学生，可以借鉴国外先进经验，从幼儿园到中小学开设网络与计算机课程，从小培养学生的数字素养；在高校，还可以通过组织比赛、集训营、校企共建课程等途径培养数字技术高端人才。

（五）提升数字素养的具体措施

数字技术对劳动力市场造成的结构性失业冲击，不仅关系到一国数字鸿沟与贫富差距问题的解决，甚至会影响一国整体的数字经济发展水平。

首先，政府应同各方面展开合作，面向全民，深入开展数字素养教育，尤其对于失业人员、残疾人员和其他不能在固定场所工作的群体，可以通过开展相关数字素养培训、职业技能培训等方式，帮助其转入数字经济领域工作。

其次，国家要全面强化学校的数字素养与数字技能教育，在中小学各阶段开设网络和计算机基础知识、基本技能、人工智能等课程，使数字素养成为年轻一代的必备素质，在大学开设各种与数字技能有关的校企共建课程，通过举办各种技能竞赛、创业集训营等方式培养数字技术高端人才。

再次，国家要借助数字技术打造各种就业、创业平台，持续降低创新创业的门槛和成本，支持众创、众包、众筹等多种创新创业形式，形成各类主体平等参与、广泛参与的创新创业局面，为社会创造更多兼职就业、灵活就业、弹性就业机会，增强劳动者在数字经济发展中的适应性与创新性，化解数字经济对就业的结构性冲击。

最后，推进移动互联网、人工智能、大数据等数字技术在养老、医疗保障等社会保障领域的广泛应用，加快建立、完善适应数字经济发展的用工和劳动保障制度，加大对弱势群体的扶持力度，为个人参与数字经济活动保驾护航，促进数字经济发展的成果全民共享。

二、数字经济时代人才管理新思维

虽然大多企业制定了数字化战略，在数字化进程中的投入持续增加，甚至有的企业也建立了专项实验室，但据调查，34% 的受访企业高管认为企业组织仍缺乏相关的数字人才团队，只有 36% 的受访企业拥有物联网相关的人才，而只有 8% 的受访企业拥有 AI 相关的人才。掌握数字化知识和技能的人才短缺成为制约许多企业数字化转型的主要障碍，特别是在经济基础薄弱、教育储备不足、人才流通不充分的偏远地区和相关行业，这一问题尤为突出。基于此，企业在数字化转型过程中，不仅需要对已有员工提供从事数字经济相关工作的职业技能培训，通过数字化人才培养提升企业数字化创新能力，还要通过联合培养、在线教育等方式加强人才培养机制建设，从而弥补企业数字化转型过程中的人才短板并获得更大的数字化创新能力，还可以直接聘请更多的外部数字化人才，以推动企业沿着数字化技术进程快速前进。

（一）树立战略性人才思维

大数据的出现让数字化已经成为时代的新标签，数字化之于企业和人的生存而言，也许是机会，但也许会成为一种负担，关键在于，人们能否洞悉数字化的本质，以及数字化对企业和人的生存能力提出的要求。若能洞悉，数字化就是有效的，数据就会转化为有价值的信息。从本质上讲，数字化是人类科学进步的重要表现，随着数字化时代的到来，不论是企业还是个人，唯有具备更高的洞察能力，才能更好地生存下去。因此，数字化要求在管理上洞察出适应时代的精准思维。

过去的人力资源管理是按照模块来进行的，只要将各个模块分别做好就可以了，这种做法将人力资源管理作为一种职能的专业性体现得淋漓尽致。但是，今天的人力资源管理必须融入更高的洞察力，才能保证人力资源管理本身是有效的。换言之，如果缺乏这种洞察力，即便人力资源管理的各个模块做得都非常好，最后得到的结果也可能是无效的，而保证人力资源管理有效性的洞察力就是打破模块化的思维定式，将人力资源管理工作融入组织的战略价值创造链，形成战略性人力资源管理。

懂得运用数字化的企业应该在管理中敏锐地洞察到，成本必须更具有效性。

企业用人会产生成本，关键不在于这些成本的高低，而在于这些成本是否真正贡献出了价值。这是数字化时代企业管理应有的思维方式，这个思维方式的核心正是匹配。随着海量数据的涌现，再加上移动互联网的助力，看似有海量人才可以迅速呈现在企业面前，可是最后却发现用人效率并不高，原因正是违背了匹配原则。人与组织的匹配才是最重要的，既不是高配，也不是低配，而是匹配。

事实上，数字化在呈现机会的同时，也给相对独立的个体带来了一场生存危机，而要化解这种危机，不论是企业还是个人，关键在于打破个体思维，用合作的方式去迎接挑战。所以，不论是过去占山为王的企业，还是高人一等的强大个体，今天要生存，都不能仅仅依赖自身，还要开启合作共生的新思维，建立或融入共生体。

数字化时代的重要生存技能是洞察力，而洞察力已经渗透在人才管理的新思维中，并将这种新思维转化为有效的行动。

（二）树立"块"向"链"的人才管理理念

传统人才管理，习惯上分为招聘、培训、绩效、薪酬、员工关系等几大模块。这种"分模块"的方式和思路更多的是从专业的角度考量，而非从经营的角度作顶层设计和推动。这导致很多企业的人才管理虽然有专业思想，也有很扎实的操作功底，但并不能帮助企业更好地实现经营价值，人力资源管理部也始终进入不了企业经营的核心。

1. 第一条链：战略聚合链

企业策略应向战略转化，策略应该变成行动的目标。实施目标，需要群体形成合力，只有确保每个人都能走上正途，个人才会在工作中获得价值，才会有一批宝贵人员推动组织发展而获得商业成功，进而有助于企业达到战略澄清、目标分解的目的。员工对战略与目标有更深刻的认识，并且全力去完成自己的任务，这是人力资源管理工作最基本的起点。换言之，唯有助力企业达成策略，人力资源管理才能充分发挥其价值。

人力资源部在确保各部门都能聚焦战略的前提下，一定要帮助企业明晰人才管理的第二条链。

2. 第二条链：价值创造链

这条链由三部分组成。

（1）价值创造

价值创造包括几个关键点：第一，明确每个岗位应履行的职责；第二，结合职责，明确各个岗位应完成的目标，并将目标转化成行动计划；第三，保证每个人都能理解职责和目标，并在此基础上，明确年、月、周、日的重点工作和关键结果；第四，确保大家全力以赴，并建立计划、行动、审查、提升的工作闭环，以日进日新。

（2）价值评价

价值评价要实现两点功能：一是审查的功能，目标不仅仅是拿来完成的，更是拿来超越的，因此通过比对目标和实际结果之间的差距，发现并巩固优势，明白不足并解决其中的问题，便成了评价要实现的首要功能；二是分配的功能，如果离开了利益的驱动，很多人会丧失工作积极性而流于平庸，甚至不作为，因此评价既要保证客观，又要与分配挂起钩来。

（3）价值激励

企业是一个舞台，要让想舞、能舞、善舞的人有机会站在舞台中央，并且保证有足够大的舞台使其发挥。这就要求企业创造一个机会均等的环境，激励有能力、有业绩的人脱颖而出，创造一种新的可能。

围绕"战略聚合"而衍生的价值创造、价值评价和价值激励是企业人才管理的基本运营机制，而这一机制要能发挥作用，就要打造第三条链——人才供应链。

3. 第三条链：人才供应链

通俗地讲，人才供应链就是招得到人、用得好人、留得住人、育得对人、储得了人。

（1）招得到人

任何岗位的人，尤其是关键岗位的人，一旦缺失，要保证第一时间能够有合适的人接替。如果人力资源部不能保证做到这一点，那就意味着人力资源管理的失败。

（2）用得好人

用得好人最重要的一个衡量指标是人均产能。如果非常优秀的人因为企业内在环境影响而变成了一个平庸的人，甚至是制造内耗的人，那么，这样的人才管理就是失败的。

（3）留得住人

组织内良性和高效的运作无疑是由一群高默契度的人通过团队协同而取得的。人和人之间高默契度的形成并非朝夕之功，而要靠长期的磨合。因此，任何一个组织都要想尽一切办法留住人，尤其是那些身处关键岗位的优秀人才。

（4）育得对人

一个有竞争力的组织，其标志之一是能让平庸的人变成优秀的人。这样的转变当然离不开企业的培育，但是培育有效的前提是首先要确保选对人。对于一个天生擅长技术的人才，企业哪怕想尽一切办法，恐怕也很难将其培养成一个出色的管理者。

（5）储得了人

关键岗位的人才储备越多，企业的人才供应链越能显现战略价值。当然，人才储备不仅仅在企业内部进行，也要做好企业外部人才储备库的建设。

以上是关于人才供应链的简要概述。人，最重要的是能够用心，否则很难保证个体绩效与组织绩效的提升。从人力到心力，仅有机制是不够的，还要有好的价值观引导。由此，第四条链就务必要做好、做实。

4. 第四条链：文化和谐链

这部分主要应做好三方面的工作。

（1）价值观的塑造

价值观不是忠诚、责任、创新、超越诸如此类的词语，而是充分考虑企业的发展现状和行业特性而形成的特色价值观。例如：初创企业突出的是"奉献"，成熟企业突出的是"创新"；互联网企业强调"快"，制造企业强调"匠心"。很多人都在说，企业文化是老板文化，但本书认为，"从群众中来，到群众中去"的价值观塑造方法更能打动人心，深入人心。

（2）制度的契合

有些企业的价值观强调"尊重人"，但考核制度的设计都是"达不到目标就扣工资"，非常简单粗暴，则这样的企业价值观很难影响到人的行为，也就无法引领人形成好的心态。由此可见，制度的审查是必需的，通过审查，一旦发现有违背价值观的，就要坚决改正。只有做到言行一致，价值观才能深入人心。

（3）管理者的表率

价值观的落地，首先是靠管理者做出来的。如果管理者都视价值观为儿戏，那价值观在企业还有可能落地吗？因此，对管理者的提拔、任用和考核而言，价值观应该是最重要、最核心的衡量准绳。与价值观不相匹配的人员，哪怕能力再高、业绩再优秀，都不能将其选拔到相应的管理者岗位上。

上述四条链，如果能逐条打造好并让其发挥作用的话，"实现商业梦想和创造未来"就不是一句空话。

（三）人工智能赋能传统人才管理理念与技术

人工智能（AI）正悄然改变着我们工作和生活的方方面面，在人才管理领域也同样如此。在移动互联网时代，通过人工智能，这一切都会发生颠覆性变化。未来校招的场景是这样的：在招聘季节，企业可将自己的宣传视频、招聘岗位的需求和要求等相关信息，在各目标高校的网站或第三方招聘平台进行即时发布。而在校学生登录网站，即可一站式了解感兴趣的岗位及相关企业的情况，并远程进行简历投递。企业收到毕业生的简历后，可发布相关测评工具对毕业生进行在线测评，并由人工智能依据大数据自动筛选出与岗位最匹配的应届毕业生，双方进行精准对接。对于对接成功进入下一轮的应届毕业生，企业可通过在线视频，完成远程面试流程，决定是否聘用。一旦决定聘用，企业可远程与其签订就业协议以及发放录用通知书等。

这样一来，原先费时、费力而低效的校园招聘，在人工智能时代将变得省时、省力、高效。当然，人工智能颠覆的不仅仅是传统招聘，也会让企业的用人、育人、留人、储人发生翻天覆地的变化。

1. 智能化用人

用好人的前提是识人。当前很多企业因为识人的偏差，往往会犯诸如将技术型人才用到管理岗位上的毛病，导致产生了一批平庸的管理者，却牺牲了一批技术型人才。识人会产生偏差大多是因为凭经验、凭感性看人。

如果应用人工智能识别人，系统就会自动根据大数据的运算结果，非常理性地给出人才与岗位的匹配意见，让用人主管理性地发现每一个人的长处，用好每一个人，真正做到将合适的人放到合适的岗位上。

2. 智能化育人

育好人的第一步是帮助大家实现更好的自我定位，明确自己适合干什么，不适合干什么；第二步，将合适的人匹配到合适的岗位上；第三步，明确岗位与人的各项能力的差异；第四步，因材施教，缺什么补什么；第五步，明确人才发展路径与学习地图，使每个人都能逐步走向优秀。

在人工智能时代，上述每一个步骤都可以通过对大数据的分析和计算，由系统自动给出相关的结果和实施指引，从而大大提高用人主管在育人方面的有效性。

3. 智能化留人

事实上，留人的根本在于企业能不能保证人在工作期间始终保持心情愉快，并由此产生一种发自内心的幸福感。在此基础上，讲待遇、讲感情、讲事业才会对留人产生根本影响。

是什么在影响着一个人的心情？很大程度上是内心的压力。会疏解压力的人，通常都比较快乐，生活和工作质量也较高。要疏解压力，就要了解压力的来源。但现实中，相当多的人不知道自己的压力来源于哪里，更遑论用对应的方法去疏解。如果内心的压力越积越多，人就不会快乐。一旦不快乐，对所处的环境便会产生厌倦，从而萌生退意。显而易见，这些与待遇、感情、事业都没有任何关系。因此，找到人的压力来源，并用对的方法去疏解它，是企业留人非常管用的招数。可是，如果通过人的经验去判断这些，不一定做得好。但通过人工智能去判别人的压力来源并告知疏解策略，便是轻而易举的一件事情。这也就意味着，人工智能在帮助企业留人方面必将大有建树。

4. 智能化储人

人才池是企业发展重要的奠基石，池里人才储备数量的多少，尤其是关键岗位人才储备数量的多少，将直接决定企业竞争水平的高低。很多企业人的人才储备工作主要局限在本企业内部，因而出现了无才可储，或储好的人才最终跳槽等弊病。近几年出现的第三方智能储才系统，有效地帮助企业解决了以上困境，并将储才的触角延伸到了企业之外，使企业实现了广储社会之才。

智能化储才系统将运用各种途径和方法吸纳天下英才入库，并结合云端智能测评等技术手段，综合各类数据分析后进行分类。企业一旦有人才需要可随时登录系统，系统将按照企业的岗位要求，自动从人才库中匹配最合适的人才供企业精准选择,"一站式"解决企业对人才的需求。

在人工智能时代,除了选人、育人、用人、留人、储人全方位实现智能化运作之外,各种信息化系统也将帮助企业实现智能化的员工考勤管理、绩效管理和薪酬管理等。

企业人才管理水平的高低取决于各层级管理者在这方面愿不愿意作为,以及如何作为。那么,怎么让管理者像开展业务工作一样娴熟地操作好人才规划及人才的选、育、用、留、储呢?很多企业对此束手无策,因为没有好的工具让管理者去使用。人工智能的出现将极大地帮助管理者在人才管理方面取得成功,进而改变组织的人才管理运营生态,提升人才管理水平,驱动组织发展。

三、数字技术助力中国人才教育腾飞

人工智能、大数据、云计算、物联网等数字技术的发展日新月异,导致人类的工作、生产、生活方式等方方面面都发生着重大的变革。发展数字经济离不开专业人才,而人才的培养离不开教育。随着数字技术不断向教育领域融合渗透,在线培训、远程教育等数字化教育形式不断涌现,随着教育行业数字化技术投入的不断增加,未来更加个性化与互动化的教育新模式、新形式也会纷纷涌现,这必将会给存在诸多弊病的现行教育行业带来更大的冲击与改革的良好契机。

(一)各国普遍重视智慧教育发展

根据马化腾等著《数字经济:中国创新增长新动能》及其他与数字教育相关的公开资料,在数字技术的引领下,教育产业的数字化程度正成为各国数字化发展程度的重要体现。提高教育数字化水平,促进数字技术在教育行业的运用,提高教育系统的有效性,是各国推动教育改革与创新的重要举措。美国、澳大利亚、英国、印度、中国等国都在本国制定的数字经济发展战略框架下,通过提出促进数字技术在教育中广泛应用的具体措施,促进数字教育的发展,特别是美国K12集团与慕课的成功更成为全球数字教育发展的典范。

中国教育长期面临着资源分配不均、投入产出失衡、素质教育水平较低等困境,在国家政策的大力支持与引导、数字经济的催生与带动等众多因素的作用下,数字技术与教育领域逐渐融合渗透,数字教育新生态雏形逐渐显现。随着以大数据、云计算、人工智能、AR/VR为代表的新技术应用获得群体性突破,政府也出台了一系列政策文件鼓励数字教育发展，随之越来越多的互联网公司进入教育领域探索在线教育发展模式，移动数字教育平台与应用也不断兴起，特别是数字直播教育与传统教育的结合推动着教育方式的不断创新。数字教育的发展不仅在优化教育资源配置、促进教育公平方面作出贡献，而且在尊重学生个体差异、丰富学科内容、满足学生个性化教育需求上也可发挥作用，更有助于突破学生学习时空限制，不断加快教育教学方式变革的进程。

（二）数字技术带动我国智慧教育发展浪潮

虽然全球各国物质资源禀赋、经济发展水平、教育普及程度、基础设施水平等存在差异，教育发展水平也良莠不齐，但随着数字技术在教育领域的蔓延，全球范围内兴起了教育数字化转型与智慧教育改革的浪潮。

智慧教育是在各级政府主导作用下，由各层次学校和各类型企业参与共建的、具有教育与数字化双重属性的现代化教育服务体系，其本质就是通过大数据、云计算、物联网、人工智能等数字技术与手段，实现教育资源与信息、知识的共享；还可促进教育管理者和家长之间的信息自由流动与沟通衔接，提升教育管理效率，助力美好、安全的校园环境建设。

1. 人工智能开启智慧教育新模式

人工智能技术的不断成熟及其与教育行业的深度融合，将不断革新传统教育的学习范式，开启数字教育新模式。以人工智能为核心的教育技术可以从语音、图像、面部表情等更多维度实现更大量级的数据采集与汇聚，可以从采用语义识别、情感计算等更高效的数据处理方法和VR/AR、机器人等更具互动性的人机界面等方面实现与教育行业深度融合，可以分别沿着扫码搜题在线答疑、自动批改作业、智能测评和个性化学习四个方向，逐步提高教学的灵活性、智能性及互动性。例如，从学生角度出发，借助人工智能的自适应学习系统通过大数据精准分析，为学生制订个性化的学习方案并自动生成智能化的学习内容；从老师的角度出发，依托人工智能的帮助可实现虚拟助手辅助教学、作业自动批改、学情智能测评等，提升教学反馈的准确率，促进教学质量的提高。

2. VR/AR助推智慧教育新变革

未来教育的发展，学习者能否获得动态更新的学习内容、更多的交流互动与更高层次的学习体验，都是我国教育面临的挑战。

日臻成熟的 VR/AR 技术及其应用通过与教育环境相融合，不仅为学习者提供更丰富生动的在线教育场景和动手操作机会，优化了学习者的学习环境，还可改善学习者的学习习惯、学习方式与思维方式，为学习者带来更加沉浸式的学习体验。例如，学生戴上体验学习环境的虚拟现实头盔，就能更好地观看、体验与感知教学场景，使学习者沉浸于整个教学环境中，从而促进学习效率的大幅提升。

3.STEAM 传播智慧教育新理念

STEAM（科学 Science、技术 Technology、工程 Engineering、艺术 Arts、数学 Mathematics）教育提倡"动手动脑的探索式"学习过程，以重实践、重跨界、重创新为主要特点，是科学、技术、工程、艺术和数学多学科交叉融合发展的综合性教育。人工智能、VR/AR、3D 打印技术与 STEAM 倡导的教育方式相继融合发展，可以使中小学各个阶段的学生在智能化学习场景中不断提高动手能力、逻辑思维能力与创新能力，进而开启素质教育新模式。例如，在高级教学机器人的陪伴下，在人工智能与 VR/AR 的仿真实验室中，借助认知计算的复杂决策辅助系统，学生能在游戏化的学习体验中实现智能交互，进而完成多学科交叉融合的探索式学习过程，学生的动手能力、逻辑思维能力和创新能力也得以提高。

第三节 加快促进互联网时代数字经济创新的产业驱动

一、数字经济下制造产业的创新

数字经济时代给制造业带来的变革，就是"新制造"将兴起。而数字经济是新实体经济，最突出的表现就是数字经济所带来的新制造。

（一）制造业的未来是智能化

"新制造"是指应用互联网、物联网（IoT）、云计算和大数据等新一代信息技术，以用户需求为出发点提供个性化、定制化的产品和服务的生产制造模式。通俗地讲，就是用"新的制造方式"生产"新的产品"，提供"新的服务"。

1.新的制造方式

新的制造方式是指用物联网、移动互联网、机器人等技术配合精益管理方法实现智能制造、个性化定制和柔性化生产。例如,家具企业索菲亚通过引入德国豪迈柔性生产线,配合 3D 设计、条码应用技术、数据库技术等建设了亚洲最大的柔性化生产线,实现了订单自动拆解、自动开料、封边和装配。东莞的共创服装厂是一家小型企业,它主要通过精益生产、单元式生产、供应商协同等管理方式变革实现了小批量、多款式、快速生产的制造模式。

2. 智能化的产品

新的智能化产品嵌入传感器等数据采集装置,不断采集用户使用信息、设备运行数据到云端,实现对用户行为和设备运行情况的管理。例如,阿里巴巴与上汽携手打造的互联网汽车——荣威 RX5,搭载了 YunOS 操作系统并实时联网。用车过程中产生的驾驶行为、个人喜好、车况等其他数据,通过 4G 网络上传到云端,通过算法优化再对用户进行相关推荐。汽车账号体系与支付宝账号打通,成为后者的一个新入口,其方式可以是汽车+保险、汽车+销售、汽车+维修等。

3. 新的服务

新的制造方式催生出研发、设计、软件服务等生产性服务;智能产品采集的数据,会形成数据服务,包括远程设备管理维护、用户数据服务等。

新制造是嵌套在整个 C2B 商业模式中的,与新零售是紧密联系在一起的。没有新零售就没有新制造。C2B 包括客户定义价值、个性化营销、拉动式配销体系、柔性化生产四个部分(图 4-3-1)。

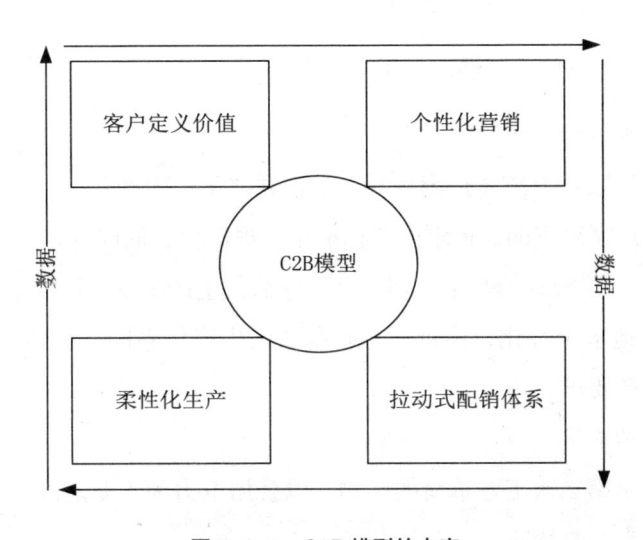

图 4-3-1 C2B 模型的内容

其中，新制造以客户驱动、数据全流程贯通、个性化定制、柔性化生产为主要特征。

（二）数字经济推动"新制造"出现

"新制造"的出现有两大背景。其一，消费者主权崛起，个性化需求越来越旺盛。在20世纪五六十年代，美国各地环境大致相同，人的欲望也大体一致。美国人最理想的生活是和同水平的人接轨：不只是追赶同一水平，也要和同一层级的人拥有完全相同的车子，同一款洗碗机，同一台割草机。到了20世纪七八十年代，产品丰裕度提高之后，形势完全改变。人们的思想已经由"我要做正常人"变成"想与众不同"。这股个性化消费大潮，近些年也在国内开始兴起。当今中国已处于消费急剧升级的时代，消费需求越来越多样化。例如，时装要求体现自己的个性，家具要匹配主人的喜好和户型，汽车要按照自己的需求来配置。个性化需求的大规模崛起要求供给侧能够给予满足。

其二，互联网、物联网、网络协同等技术的普及，首先使得设备之间、工序之间，甚至工厂之间、市场和工厂之间的联网轻而易举，市场需求、生产、物流数据可以非常便捷地在市场主体之间自由流动。数据的自由流动和产业链上下游紧密合作是产业变革的基础。例如，在大部分的工厂内部，ERP（企业资源计划）与MES（制造执行系统）都是两套系统，各自为政。产能情况、订单进度和生产库存对ERP来说只是"黑箱"作业。

（三）新制造与传统制造的区别

1. 商业模式不同

传统制造局限在B2C（厂商主导）的模式之下，生产什么，生产多少，何时生产，都是由厂家决定的，追求的是标准化、规模化、低成本。

新制造是C2B模式的其中一环，生产什么，生产多少，何时生产，全部由市场需求决定，追求个性化、高价值。新制造的生产体系能适应多品种、小批量、快速反应的生产要求。

2. 技术基础不同

传统制造是第二次工业革命的产物，以公用电力为主要能源，以自动化设备的流水线生产为主要特征。

新制造以物联网为主要技术基础，以数据为主要供给能源，以柔性化的智能制造为主要特征。以一支高尔夫球杆为例，如果我们在球杆中加入传感器，就能够记录下消费者的每一次挥杆的力度、击球的位置等。成千上万的数据汇聚在云端做深度分析，能帮助工厂改善它们的生产制造，开发新的产品；同时，我们可以针对这个消费者进行智能化的服务，帮助他训练，纠正不好的使用习惯，提升球技。

3. 价值不同

传统制造和研发、营销、服务分离，位于价值链的低端。

新制造将研发、营销和服务融为一体，通过生产服务化、产品智能化、服务数据化，大大提高了生产制造的价值含量。

（四）制造业变革

1. 数据驱动的制造业变革

大数据、云计算等新一代信息技术的崛起，使人类社会从 IT 时代向 DT 时代转变。大数据在深刻改变生产生活的同时，也促使制造企业的经营管理发生了重大变革。

和 IT 时代的传统制造业所不同的是，DT 时代的制造业更加注重创新、创造，人类智慧的作用能够得到进一步的体现，利润获取回归到价值创造本质。DT 时代将涌现大量的新模式、新业态，机器将被赋予和人一般的思考与决策能力，成为人类生产生活的绝佳伙伴。

随着互联网、物联网、云计算等信息技术迅猛发展，很多行业都涌现出大量数据，对于身处其中的企业来说，这既是机遇，也是挑战。近年来，由于智能化技术的迅速迭代，制造业企业的日常运营活动对大数据产生了较强的依赖（图4-3-2）。当前，制造业的整个价值链、产品的整个生命周期都会产生大量数据，同时制造业企业的数据量仍在迅猛增长。

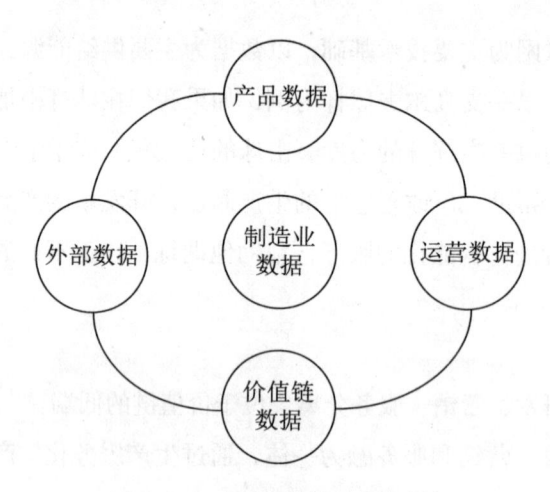

图 4-3-2 制造业数据的主要来源

制造企业需要管理多种多样的数据，其中包括很多结构化数据和非结构化数据。

产品数据：具体包括产品设计、建模、生产工艺、产品加工、产品测试、维护数据、产品结构、零部件配置关系、变更记录等数据。

运营数据：具体包括组织结构、业务管理、生产设备、市场营销、质量控制、生产、采购、库存、目标计划、电子商务等数据。

价值链数据：具体包括客户、供应商、合作伙伴等数据。

外部数据：具体包括经济运行、行业、市场、竞争对手等数据。

在网络协同环境下，企业在推出大规模定制之后需要实时从网上获取消费者的个性化定制数据，发挥网络的协同作用，对各方资源进行优化配置，对各类数据进行有效管理。

（1）数据驱动的大规模定制

对于制造业来说，大数据是其实现大规模定制的基础，其在制造业大规模定制中的应用包括数据采集、数据管理、智能化制造、订单管理、定制平台等，其中定制平台是核心。定制数据达到一定规模就能实现大数据的应用。企业通过对大数据进行挖掘、分析，可对流行趋势进行有效预测，实现精准匹配、社交管理、营销推送等多种应用。同时，通过大数据挖掘，制造业企业还能开展精准营销，使物流成本、库存成本、资源投入风险均得以有效下降。

大数据分析可提升企业的仓储、配送及销售效率，减少库存，降低成本，优化供应链。同时，制造业企业还能利用销售数据、传感器收集到的数据、供应商数据对不同市场上的商品需求做出精准预测。企业可通过这种方式实时监控商品库存与产品销售价格，因此可以在很大程度上降低成本。

从本质上看，工业 4.0 是利用信息物理系统（CPS）构建智能工厂，让智能设备利用经过处理的信息自我调整，自行驱动组织生产，直到将产品真正生产出来。由此可见，智能工厂让制造业大规模定制有了落地实现的可能。

为了满足消费者的个性化需求，一方面，制造企业要为消费者提供符合其需求的产品或服务，另一方面，制造企业要为消费者提供个性化的定制服务。因为消费者数量比较多，且需求各有不同，再加上需求不断改变，这些数据汇聚在一起就形成了产品需求大数据。

消费者与制造企业之间的交互行为也会产生大量数据，对这些数据进行挖掘和分析，可以让消费者参与到产品需求分析、产品设计等活动中来，真正实现产品创新。企业只有做好数据处理，将处理之后的数据传输给智能设备，然后对数据进行挖掘、分析，指导设备进行优化调整，才能真正实现定制化生产，输出能满足消费者个性化需求的产品。

（2）新一代智能工厂

为了满足消费者的个性化需求，传统制造业必须改变现有的生产方式与制造模式，对消费过程中产生的数据与信息进行充分挖掘。同时，非标产品在生产过程中也会产生大量数据，企业需要对这些数据及时进行收集、处理、分析，用处理结果对生产活动进行指导。

以互联网为媒介，这两类大数据信息在智能设备间流通，企业利用智能设备进行分析、判断、决策、调控，然后组织开展智能生产，最终生产出能够满足消费者个性化需求的产品。从这方面来说，智能工厂是在大数据的基础上建立起来的。

智能工厂中的大数据是在信息与物理世界的交互作用下产生的。在引入大数据之后，制造业迎来了一个全新的变革时代。以过去制造业生产管理的信息数据为基础，以物联网为依托实现物理数据感知，企业建成生产数据私有云，推动制造业在研发、生产、运营、销售、管理等方面均发生了巨大变革，加快了制造业的发展速度，提升了生产效率，增强了自身的感知力、洞察力。

2. 基于新制造理念的模式创新

新制造还有巨大潜力尚未被挖掘出来，正是基于这一点，如果将制造企业所有设备、生产线的数据全部打通，让它们全部实现智能化，就能使制造企业的价值创造模式发生根本性变革。除此之外，新制造的竞争力来源于其背后蕴藏的创造思想、体验、服务能力，而不是制造本身。

（1）按需定制

传统制造业是由厂商根据往期的订单情况制订生产计划。在这种模式下，厂商和消费者之间存在大量中间环节，很难了解用户的真正需求。随着生产力的不断提升，以及越来越多的创业者与企业进入制造业领域，行业面临严重的产能过剩问题。而新制造将由用户主导，从 B2C 模式转变为 C2B 模式，让厂商能够和用户无缝对接，基于用户需求与数据分析按订单生产，满足用户个性化需求的同时，为自身创造更多的利润。

（2）云上大数据

未来的制造业是由数据驱动的，数据将成为不可或缺的重要生产资源。当然，想要充分发掘数据潜在价值，就要将大数据与云计算技术充分结合起来。推动传统制造业变革已成为中国、美国、日本、欧盟等经济体的重要战略，企业要充分利用数据来推动制造流程的精细化管理，促进生产线的柔性化、数字化、智能化。

对企业而言，发展新制造，打破数据孤岛是关键。传统制造企业内部以及上下游企业之间各系统处于封闭状态，缺乏统一的数据采集、存储、分析及应用标准，难以实现数据资源的高度整合与共享，不能实时了解生产线设备运行状况、库存信息、销售状况等，无法及时制定科学合理的经营管理决策，增加了企业经营的风险。

而转型新制造后，制造产业链中的商流、物流、资金流、信息流能够实现自由高效流通；MES、ERP、PLM 等信息化软件的应用，将有效解决信息孤岛问题；装备操作信息、运行状态、环境参数等将被实时上传至云端数据库；同时，企业将结合 PLM、ERP 等数据，对生产过程不断优化完善。

以大数据技术为核心的智能应用将有力促进企业的流程、组织模式及商业模式创新，是建设智能制造云端的核心组成部分。具体来看，以大数据技术为核心的智能应用主要包括以下几点。

①生产过程的持续优化；

②产品的全生命周期管理；

③企业管理决策的优化完善；

④资源的匹配协同。

未来，制造业设备的全面物联化以及业务系统的无缝对接，将使从制造生产到客户交付的整个过程实现数据化、智能化，而对过程数据进行深入分析，将为企业经营管理决策提供强有力支持，催生一系列全新的管理方式、商业模式。

（3）柔性制造

柔性制造是个性需求崛起时代出现的一种新型制造理念，由于企业面临的市场环境与用户需求具有较高的不确定性，且技术更新迭代使产品生命周期越来越短，企业必须提高自身的灵活供给能力，力求在满足用户个性需要的同时，将成本与交付周期控制在合理范围。

柔性制造未来趋势包括以下几点。

①生产线日渐缩短，设备投资占比不断降低；

②中间库存明显减少，厂房等资源得到充分利用；

③交付周期越来越短，用户体验逐步提升；

④成本损耗不断降低，生产效率明显提升；

⑤制造过程用户可参与，为其创造独特价值。

制造业服务化是新制造的典型特征，其价值创造并不局限于制造本身，更为关键的是用户获得的极致服务与独特体验，长期来看，世界经济低迷状态仍将持续一段较长的时间，中国制造业从传统制造向新制造转型也并非是一件短时间内可以完成的事情，广大制造企业要做好打持久战、攻坚战的准备，加强服务与创新意识，不断提高自身的盈利能力。

新制造给制造行业带来了新的发展机遇。行业头部的制造企业在智能化转型这条道路上没有停留在基础的感知阶段，而是努力地向新制造的高级阶段迈进，探索更多可能性。正因如此，那些迟迟不能坚定信心、做出决策的企业与那些积极拥抱新制造的企业之间的差距会越来越大。为避免被淘汰，接下来，制造企业要积极拥抱变化，主动改革，向新制造转型升级。

（五）发展新制造的意义

在互联网条件下，制造业的转型升级不是独立发生的，而是呈现营销—零售—批发—制造的一个倒逼过程。在这个过程中，制造业出现由需求驱动生产的C2B模型，而柔性化是制造端的主要转型方向。实际上，在互联网出现之前，很多大型企业已经在探索大规模个性化定制、拉动式供应链，并取得了卓越的成绩，比如戴尔、Zara和丰田。但是互联网和电子商务的出现加速了这种进程，更多的中小企业也可以进行这种变革，并从中受益。

新制造的上半身是新零售，下半身是柔性生产，而中国作为全球最大的网络消费市场和制造大国，具备别国不具有的双重优势。互联网带来了新的竞争空间和新竞争规则，如果政策得当，中国在制造业领域完全可以走出一条独特的道路。

二、数字经济下零售产业的创新

在数字经济时代，数字化转型已成为零售业高质量发展的必然趋势。近年来，我国零售企业纷纷进行数字化转型，呈现出从技术应用向数字赋能转变、从渠道线上化向线上线下一体化转变、从业务数据化向数据业务化转变、从营销数字化向全面数字化转变以及从大企业主导向大中小企业协同转变的特征，总体来说，正处在探索阶段，存在着全面数字化战略规划确实、数字化基础薄弱、需求驱动型供应链支撑不足和企业组织架构改革相对滞后等问题。零售业数字化转型内在机理在于，数字化技术推动下生产供给体系与流通供给体系发生了转变，即以消费者需求为出发点，通过线上线下多维立体场景打造、供应链逆向整合、数据资源积累和数据分析能力构建、业务流程再造与组织架构变革构建数字化商业生态系统，打破商品生产与消费之间的时间与空间限制，重构人、货、场的关系，提升生产与流通体系供给质量和供给效率。

（一）新零售满足个人主观效用

效用（Utility）这一概念，在经济学中常常用到。一般来说，效用就是对消费者而言的以消费或享受休闲等为目的的行为，让消费者的需要、欲望等度量被满足。经济学家用其说明理性消费者是怎样将其有限资源配置到能够为自己提供最大满足感的物品中。经济活动价值，恰恰有助于消费者实现效用的最大化。

理解新零售，需要重新回到上述判断经济活动价值的标准。在市场经济条件下，我们用来判断经济活动价值的标准在于，最终接受某项商品或服务的用户对这些商品和服务的主观评价。这也意味着，并非投入的成本或服务决定商品的价值，只有这些商品和服务最终满足了使用者的需求，这一经济活动才实现了其价值，否则，只是在摧毁价值。从这一角度出发，年复一年不能消化掉的库存只是在摧毁价值，而不是为社会创造价值。因为这些资源本来可以投入其他的生产领域，去满足社会的其他需求。

在消费者收入低的时候，需求结构相对单一，主要是一些生活必需品，随着收入的增加，消费者的需求越来越多样化、个性化，而且随时发生着变化。如何更好地满足消费者的需要，需要利用不同技术的比较优势。通过线上线下优势互补，能够更好地满足消费者需要，实现经济活动的价值。

所谓新零售，就是以消费者体验为中心的数据驱动的泛零售形态。新零售的本质在于，其无时无刻不为消费者提供超出期望的"内容"。传统零售当然也希望以消费者体验为中心，但实现这一目标的手段过于昂贵，除了少数价值极高的产品和服务，比如私人飞机、定制跑车等，产品的生产和销售者才会花大量的时间和精力去了解客户的需求，对于大众产品，零售商和生产者可以说是有心无力。随着数字经济时代的到来，实现这一目标正在成为现实。在新零售时代，了解消费者需求的成本急速下降，而随着人工智能的广泛应用，零售商将能够更好地了解消费者的需求，这些汇集的信息也将帮助生产者、流通行业更好地配置资源，生产出更加满足消费者需求的产品，减少不必要的物流成本。

与之前的零售变革不同，新零售通过对数据和商业逻辑进行深度融合，真正做到了消费方式对生产变革的反向牵引。将给传统零售业态插上数据之翼，实现资产优化配置，孵化新的零售物种，重塑价值链，打造高效企业。引导消费升级，催生出新型服务商，形成零售新生态，正是我国零售获得长足发展的新机遇。

（二）新零售诞生的原因

新零售产生的原因包括技术变革、消费者认知变化和行业变革三方面。

从技术上看，新兴的商业基础设施已经形成雏形：大数据、云计算、移动互联网端；智慧物流、互联网金融；平台化统一市场。互联网的发展逐渐释放出经济和社会的价值，推进全球化 3.0 的进程。

从消费者认知变化的维度来看：消费者高度数字化，认知是全方位的、购物路径是全渠道的；中国的消费升级带动了全球消费的增长，新一代的价值主张从活下去到活得更好。收入水平低的时候，消费者的消费需求主要在生存方面。但随着收入水平不断提升，消费需求的多样化和个性化迅速增加，如何活得更好成为最主要的关注点。

就行业变革而言：实体零售在全球的增速减缓，迫切需要找到增长的新动力。实体零售在中国的发展正处在初级阶段，流通效率普遍较低，缺少一流的零售品牌，零售形态是多元的。

（三）新零售与传统零售的区别与联系

传统零售业面临着改造升级，新技术、新产业、新业态、新模式不断出现。信息化、数字化、云计算是数字化转型的核心。新零售将最大限度地提升全社会流通零售业运转效率，与传统零售的区别主要体现在以下方面。

1. 智慧零售系统

智慧零售系统是将全球领先的 SaaS 模式导入门店，利用移动互联网、云计算、大数据技术，聚焦于"智能化管理＋数字化营销"两大核心价值，专注于构建智慧零售云平台，专门为实体商家打造的门店新系统。

（1）以消费者为中心

智慧零售系统重构实体门店"人、钱、货、客、场"的传统运营方式，对 ERP 系统、薪酬绩效、OA 财务收银、SCRM（链接式会员管理）、场（创造客户、保留客户、打造自媒体）等传统运营环节进行全方位改造升级。

（2）依托移动互联网智能数字云科技

智慧零售系统致力于为传统门店打造全新的"顾客终身价值体系"，全面为零售企业品牌升级、技术创新、渠道融合、会员管理、数据分析、精准营销提供云解决方案，达成"管理减负、营销增效"两大客户核心价值。总之，智慧零售系统是一套集合各种现代"黑科技"的智能系统。通过智慧系统，商家能重塑实体店的商业价值，解决实体店经营的难题，下面我们将从"人、钱、货、客、场"来介绍智慧系统为商家带来的革新。

① 零距离智慧云管人

如果把实体店铺比作一个家庭，拥有智慧门店系统，就如一个大家庭拥有了一个靠谱的管家。

传统商店销售人员属于销售行业薪酬较高的人群，但销售人员随行业周期流失大、变动大，至今都是门店人员管理上周期性的难题。

一个店长往往要管理数十个销售人员，还要不断地重复培训新的员工的工作，管理实体店铺不仅劳累，而且效率低下，相信所有实体店铺管理人员都深有体会。

如今，一个智慧系统就能管理和服务数百名甚至上千名销售人员。智慧绩效管理系统正是针对实体店人员管理难题而开发的系统，此系统是基于多年的零售绩效管理研究实践经验转化成的互联网数字化工具。将这样一套系统植入实体店日常管理，不仅能极大地便利实体店的人员管理，还能为员工提供一套智能化、数据化、人性化的绩效服务。科学的绩效管理能够最大限度地调动员工的主动性和积极性。

通过智慧绩效管理系统，商家可将自身的业绩目标逐级分解并关联到每一个员工身上，使门店目标从上到下更加有效地传导。商家可将店铺的目标计划根据实际工作分解成任务，并通过系统后台实时跟踪效益与员工销售动态。

使用智慧绩效管理系统，门店管理人员可以在后台设置奖金提成、任务激励机制，并为员工自动排班，员工打开手机就能知道自己的工作目标和绩效。

同时，云管人还专门为门店研发了线上移动商学院，现在首批上线的是智慧系统功能的教材，接下来会逐渐增加其他内容板块，如产品终端专业知识、销售技巧、会员服务等。门店可以自主上传企业的培训教材和资料。以 PPT、视频、直播教育等形式，全面解决终端门店培训成本高、培训难度大的问题。云管人系统还开发出了员工培训后的考核机制，随时随地深化知识掌握，方便门店对员工进行考核分级。

② 零误差智慧云管钱

对商家来说，传统的财务系统主要靠专业会计的人力、脑力，不仅费时，而且人工成本高，容易出差错，建立属于实体店自己的智慧财务管理系统迫在眉睫。

对客户来说，新时代的顾客们，都逐渐适应了用移动端口支付的模式，传统的现金收银模式渐渐退出历史舞台。

智慧财务管理系统正是赋能实体店大部分财务管理工作的系统，用系统取代财务管理中的事务性工作，减少财务管理中不必要的环节，能大大提高商家财务管理的效率，并对传统收银系统进行数字化的升级，不仅收银功能更强大，更集粉丝录入、会员营销、门店财报分析等功能于一身。

通过智慧收银系统，商家可以随时随地迅速开单，并支持多种支付方式。开单之后，客户可以看到实名认证的店铺信息，这为店家增添了更加可靠的信誉。同时，收银商品也可进行挂单，不耽误任何客户的买单时间，买单客户也可在挂单结束后再提取商品，更加方便安全。收银结束后，手机客户端会收到快速反应的消息提醒，第一时间了解支付成功情况。

相对传统的收银和买单，智慧系统让商家收银无烦恼，也能让买家的买单体验更加轻松愉悦。不仅如此，强大的收银系统还能绑定买家，将买单的客户变成粉丝，成为商家流量池的一部分。

在客户购物成功后，即可在手机端领取电子会员卡，免去传统会员卡需随身携带的麻烦，而商家通过收银就能将客户纳入商家的流量池，为客户提供相应的积分服务、礼品服务、现金充值服务等，方便会员进一步了解商家信息，也方便商家对会员进行二次营销。

除了收银的便利，智慧系统还为商家提供管理和数据上的全面服务。商家可对收银进行抹分、抹角、四舍五入等设置，让数据更加清晰明了。同一个店铺，可以同时入驻多个收银员，店长可以对收银员进行统一管理，查看收银员的收银，针对每天收银支出情况，店长可以对收银账单进行核对，看清每天的实际消费情况，进一步便利了实体店铺的管理。

在智慧云管钱系统的协助下，商家通过手机就可以在线实时了解店铺的营业额、当日盈利，以及查询每个店铺的日、月、季度、年报表，时刻了解店铺的经营情况，这是传统财务管理系统很难做到的事情，然而智慧财务管理系统能提供最及时、最快、最精准的财务报表。

总之，拥有一套专门的智慧财务管理系统，商家能在营收数据分析、实时登记会员、一键购物结算、兼容各类系统、多元营销对接、云端操作应用上节省不少开支，并将商家的财务系统（如金蝶财务系统）与其他系统连通，实现商家全方位一体化经营的目标。

③零压力智慧云管货

了解智慧云管货系统，我们需要先了解 ERP 管理系统。ERP 管理系统是现代企业管理的运行模式，它是一个在全公司范围内应用的、高度集成的系统，覆盖了客户、项目、库存和采购等管理工作，通过优化企业资源实现资源效益最大化。

为什么商家也需要 ERP 系统？传统的商家拼优质货源、拼优质渠道，注重货品的量与质，但一直缺乏对货品的有效管理。

纵观整个零售行业管理历史，商家存在着专卖店柜台盘点、库存管理、周转率分析、品类分析等难题。

一个普通商店的产品盘点工作，繁杂且低效，相信商店管理人员都有这样的痛苦经历。低效率的盘点工作不仅增加了员工的负担，还会影响商家进出货的货品统计和销售计划。

在这种情况下，对产品的高效管理显得尤为关键。商店迫切需要一种有效的技术手段，能快速、准确、简便可行地完成对货品的盘点工作，帮助企业及时了解各种品类产品的销售情况，完成公司管理层对各类产品市场接受的数据分析，并能对货品的状态进行实时监控，最大限度地降低货品丢失的可能，并提高产品的销量。

传统 ERP 其实是在做记录和流程，它是把所有的货品进、销、存记录下来，然后按一个流程去做事。而今天零成本科技的智慧 ERP 系统是在做创新和升级，是在做消费者的增长、数字的增长的统计，一方面是帮助实体店提升获取潜在客户的能力，另一方面提升潜在客户转化的运营能力。

智慧 ERP 系统可以完全解决管理难题，帮助商家没有误差地管理货品。智慧系统可以创新打通、全面链接门店所有的运营系统，构建店铺智能大数据云平台，对每件货品的销售做到精准监控与优化设置，从而实现对所有商品的有效把控，并方便各分店之间货品调换，提高周转率，降低无效库存成本。

智慧 ERP 系统支持集团、总部、门店等多层级商品的数据化、电子标签化，商家随时随地可通过系统后台了解每件商品的销售情况和产品信息，更加方便安全，销售人员再也不用担心不熟悉产品，智能化的电子货柜可对门店货品进行实时管理和自动盘点，成为店铺老板和员工最得意的管理助手。

不仅如此，智慧 ERP 系统还可以方便商家实时查询热卖爆款，有效分析库存结构，智能计算货品周转率、补货周期、资金占用等情况，达到真正的智能配货。门店库存还能智能预警，自动生成补货计划，优化库存，减少无效库存成本，完全解放了商家和销售人员的双手和大脑。

可见，智慧 ERP 系统的运作流程是硬件设备融合所有业务并采集精准数据，线上后台对该类数据进行挖掘与智能分析，最后商家通过大数据分析结果进行有效的智能管理运用。

总之，智慧 ERP 系统覆盖了客户、项目、库存和采购供应等管理工作，通过优化公司资源达到资源效益最大化，并为商家进行多店连锁管理提供了最大的便利，实现商家零误差智慧云管货的目标。

④个性化智慧云管客

客人关乎着实体店铺的盈利，管客就显得尤为重要了。过去，实体店传统管客的手段非常低效，店家很少有效保存客户的个人信息，大都依靠销售人员个人的关系维持。这种管客手段依托销售人员的个人营销能力与交流能力，多用人情会客、管客，不仅无法有效地利用客户资源，而且如果销售人员离职，就会带走个人客户，造成客户资源的流失。

当今的消费者更注重隐私，很少主动去留下个人信息，并且注重个性化服务，尤其是年轻客户，我们用传统的人情方式很难维系住。同时，当下的流行风潮变化快，客户的喜好让商家难以捉摸，商家难以将客户资源有效转化，智慧 SCRM 系统可以完美地解决这些问题。

SCRM 是管理学术语，意思就是链接式客户关系管理。企业为提高核心竞争力，利用相应的信息和互联网技术手段协调企业与顾客间在销售、营销和服务上的关系，通过一种更加稳定可靠的管理方式，为客户提供创新式的个性化的服务。管理的最终目的是为商家保存更多老客户，吸引更多新客户，同时，不断地将保留下来的老客户转变为忠实客户，增加可持续性的销售。

智慧门店 SCRM 系统涵盖了客户管理、销售管理、客户服务、商业智能等各项功能板块，可为商家提供移动超级会员、用户数据画像、智能消费表单、关联引流工具、销售漏斗部署、营销数据反馈、多元服务支持、会员自动营销、情感维系等技术服务，帮助商家更好地管理店铺，并提升客户的满意度。

过去，实体店管理客户就是保留一个电话或者地址，不仅不利于保存，而且除非客户主动上门，否则很难对客户进行二次服务。智慧 SCRM 系统能将顾客的消费路径、消费行为、会员信息、消费足迹等数据收集在系统后台，将客户信息进行数据化管理，并利用大数据整合能力，将数据进一步分析整理，标签式精准管理顾客，这些信息不仅方便商店对客户进行管理服务和二次营销，通过生成客户数据和市场数据，还能为商家的营销活动加以计划、执行、监视、分析，为商家创造更合理的营销手段，为客户带来更多个性化的服务，实现智能运营、营销、服务体验等方面的优化升级。

过去，实体店用人管客，现在在智慧 SCRM 系统的技术手段支持下，可以说是用客人管理自己。我们用"今日头条"的例子来分析，现在的人们都爱使用"今日头条"，因为用户越使用它，它就越能为用户推荐有价值的、个性化的信息，这就是数据化下的完美客商关系，了解客户的喜好，精准营销。

未来，智慧 SCRM 系统将关乎每一个零售店铺的命脉，因为它直接影响实体店铺的销售业绩，它能为商店的销售额、用户满意度、用户忠诚度、市场份额等方面的提升创造更多的成绩。

⑤互动化智慧云造场

造场造势是打通实体店营销的金钥匙。每到周末和节假日，所有的实体店都用尽办法为实体店造场造势，希望在一些固定的时间节点、客流高峰期打开销售的大门，为门店带来更多的人流量。

实体店传统的造场方式主要依托在实体店铺内和商场内，依靠店铺和商场的客流量，很难让造场营销真正地传播出去，吸引更多潜在的客户。而且造场模式太过单一，主要依靠各种形式的优惠活动。这种方式也许可以吸引部分有需求的中老年消费者，却很难吸引年轻人。同时，如今消费者的消费观念与过去不同，更注重体验和个性化服务，优惠活动不一定能满足消费者的需求。

总而言之，依靠传统的造场模式，实体店铺本身无法真正有效地打动消费者。

智慧云场景营销系统致力于为商家打造一套线上线下结合紧密、功能强大、划分精细的营销服务体系，为实体店的营销紧密布局，打破场景限制，打破时间、空间的间隔，为实体店铺实现"人与人、人与货、人与场、货与货、货与场、场与场"之间的无缝连接和精准匹配，为实体店营销提供全面赋能的服务和方案。

智慧云场景营销系统为商家提供超级引流解决方案、顾客召回解决方案、成交变现解决方案、销售倍增解决方案、会员唤醒解决方案、裂变拓客解决方案，是商家进行营销的得力助手。

智慧系统能为实体店搭建专属的智慧云场景营销体系，并将订制的互动营销产品工具，植入实体店自有微信服务号，让顾客一秒变粉丝，形成黏性互动关系，提升进店率、成交率、连带率和复购率，解决全店引流、老顾客会员激活等终端运营问题，全方位实现智能数字化运营。过去的实体店铺就是一个固定的店铺，很难将营销辐射出去，有了智慧云场景营销系统，微信将成为商家另一个购物入口和引流工具。

智慧系统依托于微信这个社交平台，定位买家用户人群，将所有的店铺粉丝进行数据化管理和分析，打造线上流量库和数据库。全方位地布局挖掘社交渠道的价值，为商家提供全面的营销服务，最终通过个性化的精准营销手段直击买家的内心，真正实现分层营销。

2. 有科技感的线下实体门店

拥有了智慧门店系统，实体门店也需要进行一番"装修"，打造出符合现代消费者时尚观念和消费习惯的科技感实体门店，打通实体店铺的线上服务和线下服务，为商家和消费者破冰，让营销最终变为消费者的买单。

近些年来，各行各业的零售门店都开始了智能化改造的进程，就连网店也开始玩起了智能化的实体店铺，天猫小店、无人超市、智能家居集合店等，都从线上转到线下。

近几年"喜茶""奈雪的茶"等奶茶店打着年轻时尚的口号成为众多年轻人的选择，打造了许多爆款产品和网红产品，这些店最大的成功之处就在于互联网营销做得好。在这些网红店如雨后春笋般冒出来的2018年，马云也做起了奶茶店生意，变着花样与这些网红奶茶店竞争，还玩起了"智慧餐厅"的概念。被命名为"未来的茶"的智慧餐厅落地上海，这也是一直宣扬的新零售理念在茶饮实体店铺方面的首次落地。

这家智慧化的茶饮店的最大特点就是整个店铺无店员服务，完全依靠机器人智能化作业。顾客来到这家店面后，拿出手机通过扫码可以直接选择奶茶品类、大小和口味，并在移动端完成付款。两分钟内，一台机械臂会开始自动调配茶饮，并将做好的奶茶送到取餐柜，方便顾客取用。

这样的智慧茶饮店直白地体现了智慧实体店铺的内在本质，移动端口点单，智能 POS 完成客户信息的收集和运营，并在这种智能化的服务中改变和提升消费者的购物体验。

这里我们有两个问题。

第一，为什么如今的电商大佬敢于投资正在走下坡路的实体店铺？

第二，传统守旧的实体店如何进行智慧化改造？

关于第一个问题，答案是一众大佬们看到了实体店的前景，实体店侧重于服务，也更有体验感。拥有线上流量的大企业很容易将流量嫁接到实体店铺上。

随着智能化场景的应用发展，连小小的奶茶店都能进行智能化改造，其他零售业又有什么不能改变的呢？

第二个问题的答案就是，打造有科技感的智慧化的线下实体门店，并不仅仅是在店铺安装一些智能硬件，更多的是通过智慧系统，集合智能软件和硬件设施，并结合 SCRM 实现店铺消费管理和营销服务上的互联网化、数据化。通过门店的智能化升级，门店可以更好地吸引消费者，并将消费者有效转化，而门店可以更加有效地了解和管理会员资料和喜好，并通过线上的大数据分析实时改变店铺的营销策略和管理，高效运营门店，这就是数据的系统交互应用。

智慧营销系统已经不再仅仅是一个软件，它已经成为新时代零售的刚需，甚至可以说，现在已经是经营应用的"基础设施"。

特别要指出的是，智慧门店的落地解决方案不是一成不变的，而是根据每个门店的经营特点、品牌定位、客户层次、团队执行等来不断进化和改变的。功能、时机、环境、竞争对手等外部因素的变化都会导致落地解决方案发生改变。随着更多功能的开发上线、更丰富的实践总结，落地解决方案是要永远与时俱进的。门店是落地的主体，要从组织、职能、执行、监督各个管理环节进行设置，落地解决方案要从系统功能、活动规则、落地场景、员工激励等各个环节进行思考。只有每个细节、每个步骤都精益求精，才能确保每个落地方案都能成功。

（四）新零售发展的新契机

1. 国内市场发展空间较大

我国实体零售业总体上处于初级发展阶段且发展缓慢，行业内还没有诞生"顶级"的实体零售品牌商。

发达国家之中，拿美国来说，在1840年以后的将近200年间，随着工业化、信息化等技术改革，零售业伴随技术进步逐渐形成成熟、高效、大流通格局。而在中国，从1990年以后，工业化与信息化相互交织在一起，零售业态的密切相接应运而生，仅用20余年，就完成了美国零售业一个半世纪的业态变革，但产业总体上依然属于初级发展阶段。

2. 电子商务推动新零售行业发展

流通链条上批发零售业整体效率偏低，电子商务发展带动"最后一公里物流"的发展。

中国物流发展现状受制于工业化发展进度，综合大物流体系尚未完成，物流信息化程度偏低，此外，物流标准化程度低，使得商品周转率停留在较低水平。国内整体批发零售业交易效率偏低，据阿里研究院测算，美国的批发零售业交易效率是中国的1.56倍[①]。中国电子商务的发展促进了物流配送的发达，二者互相促进，尤其要大力发展"最后一公里物流"，其建设的速度明显快于实体商业基础设施建设。

一个通过提高效率带来巨大收益的例子是小米之家。小米新零售战略模式的小米之家（线下连锁店），由小米自己管理，开了50多家，年度营收过亿元的店面已经突破了8家。单店成本控制在了7%以内（包括总部成本就在9%以内），坪效（每坪的面积可以产出多少营业额）目前稳定在每平方米26万元人民币。这个效率大概是老牌电器连锁企业的二十几倍。未来三年准备再开1000家，覆盖一、二线城市（考虑到客流量，这个模式可能不适合县城和乡镇）[②]。

3. 消费升级

中国正在形成以消费为主导的经济增长新格局，超大城市居民消费水平已接近日韩，主要具有以下升级特征：一是消费新内容；二是新一代消费；三是个性多样的消费，"80后"成为消费主体的同时伴随银发消费的崛起，女性消费特性在互联网时代被放大；四是消费新主张，与炫耀性消费不同，消费新价值主张以鲜明、年轻、时尚和自由为特征，消费更加回归理性，主要目的是"愉悦自己"，那些给消费者带来差异化终极体验的商品和服务将凸显竞争力，博得溢价成为赢家。

[①] 崔瀚文. 零售业视角：传统产业转型的机遇和方向[J]. 互联网经济, 2017（03）：54-59.
[②] 李瑞. 数字经济建设与发展研究[M]. 北京：中国原子能出版传媒有限公司, 2022.

（五）新零售发展展望

不同的商业时代，有不同的商业形态。以超市、百货为代表的超级卖场集合了多种品类；以电商、团购为代表的超级平台聚集众多流量；以社交、资讯平台为代表的超级生态多维度地赋能商业；而在新的商业时代，零售商需要深挖超级用户，建立自有流量池。

实体店经历了从传统的物物交换到现在的移动互联网化，而在互联网时代，实体门店又经历了从门户网站到电商，到微商，再到自媒体的时代。回顾实体店的商业发展历史，智慧零售就是时代发展的必然产物。智慧零售的发展，使得整个零售行业的效率更高，这是智慧零售的特点。而在这个商业模式不断进步和完善的过程中，我们的零售业态也逐渐发生了改变。电商巨头们纷纷转向线下，线上线下开始从曾经的对立走向互相融合，正如新零售概念提出者马云说的那样："未来十年是新零售的时代，线上线下必须结合起来。"[1] 这也预示着智慧零售时代的到来。在未来，商店的竞争已经不是线上线下的竞争，而是全网营销的竞争，拥有智慧零售系统落地的能力最重要。

对此，在这里我们探讨一些未来转型新零售的思路。

1. 流量是零售的本质

流量是互联网时代的网络用语，而它的本质所对应的是每一个消费者。生意难做，关键在于客户流量，客户流量分为自然流量和经营流量。大部分靠自然流量的生意都比较难做，因为一旦有竞争生意就下滑。

流量是实体店的血液，没有流量就没有生意。建立可掌控的私域流量池，是实体商店在新的商业模式下，掌握话语权的第一步。而建立流量池最好的互联网工具就是智慧门店系统，这是新营销最重要的核武器。

2. 用户至上的理念将更加突出

未来智慧零售，核心是互联网思维，而互联网思维，又以用户为中心。与传统的产品思维不同，转型智慧零售最为重要的一点，就是掌握用户思维，学会经营流量池里的"留量"。

经营"留量"的关键，在于锁客，一个是利益锁客，一个是情感锁客。设计工具产品进行利益锁客，设计一个人一生每个不同年龄段的情感需求点进行情感

---

[1] 汪朝林. 智慧新零售 实体店零成本赋能实战技法 [M]. 深圳：海天出版社，2019.

锁客，让"留量"成为"留财"，需要拉长时间周期来看整个战略的价值。

种种迹象表明，"用户思维"在今天是不可忽视的盈利之源。这要求商家从"商品效应"跳转到"群客效应"。在传统零售时代，商家需要大量的顾客来维持生意，通过广开门店、增产商品来实现利润最大化；而在新零售时代的背景下，商家要提升群客的价值，让20%的顾客贡献80%的业绩——这就是用户思维，经营"留量"。

在传统零售时代，由于物资匮乏技术手段落后等原因，零售市场是围绕着"货—场—人"的次序展开的。在这种经营理念和市场模式下，消费者没有太多选择的余地和权利；而且由于货品短缺，即商品供不应求的状态，决定了商家缺少提升商品品质的原动力。

后来随着新技术、新模式的发展，商品的供给不断加大，商品的品类、数量大幅提高，于是"货、场、人"的布局就开始向"场、货、人"反向演变，销售的渠道成为零售的核心要素，渠道为王。而到了现在，商品、渠道的数量已经不是核心竞争力，而消费者将作为整个零售的中心，引领零售的方向，也就是"人、货、场"的时代。

在零售市场竞争日趋激烈的情况下，不可避免地出现了问题。在商品异常丰富的情况下，零售发展到今天已经逐渐摆脱了以货为主的格局，向以消费者为中心的方向发展。商业零售会以用户的生活需求为中心展开布局，在内容、形式与体验方面更符合消费者需要，它将是今后零售经营中的发展目标。比如，2017年零售业跨界业态大量出现，比如"餐饮＋零售"以及门店引入咖啡吧、书吧、设置休闲区等。这些跨界融合展现的一个基本业务逻辑是从卖产品转向经营用户，围绕顾客打造有特色的商品与服务。

为了更好地体现用户至上的理念，零售企业需要做到以下几点。

（1）充分利用数据技术开展用户画像。零售行业要了解自己的顾客这是销售最重要的事情。大数据可以帮助零售商精准掌握消费者的用户画像，比如什么收入水平、什么样的习惯爱好等。借助360度的用户画像可以为用户提供更精准的商品、服务，来建立消费黏性，形成消费闭环。

（2）在商品设计方面要体现出4个"好"。"好用"，也就是商品品质要高；"好看"，也就是商品的包装要精美；"好玩"，也就是商品自带融入感，比如具有社交属性;"好拿",也就是全渠道营销,让消费者能够更加方便地获取商品。

(3)在商品消费环节要设计"沉浸式"场景。销售的场景将会从以前商品的展示与售卖场地逐步向消费者的生活方式演变,也就是"沉浸式"营销模式。消费者进入商场不再单纯为了购买商品,而是除了家庭、工作,第三个生活场景的延伸。当消费者融入场景后,就会不自觉地发生购物行为。

3.无人零售将迎来新一轮发展

无人零售的新型便利店模式成为2017年新零售领域最火爆的关键词,天猫、阿里、京东等大牌纷纷布局新零售,各类资本也先后涌入无人零售领域。虽然得到资本热捧,但是无人零售始终面临营业额不理想的窘境,终于在2018年无人零售开始遇冷。

不过从行业趋势来看,无人零售、自助零售在成本、效率、体验等方面都具有得天独厚的优势,无人零售行业的爆发性发展指日可待。首先,无人零售将打破零售在时间上的限制,将零售轻松延长至24小时,使得消费者可以全时段购物;其次,无人零售将打破零售在空间上的限制,通过智能化的设备,购物数据的采集、分析,开店将变得非常容易,未来消费者可以随处购物,而且,门店会根据消费者购物行为和购物喜好,不断迭代店内产品,为消费者提供更好的服务;最后,无人零售将极大地提升用户体验,通过数据处理与智能化应用,使得消费者可以获得最精准的营销与最贴心的服务,同时,无人零售将去除购物过程中的人为不利因素,比如情绪因素、疲劳因素、出错因素等,使服务更为标准化。消费升级是一个不可逆转的过程,消费者永远都会选择更优质的服务,不可回退,所以在未来,更加智能化、无人化的零售形式必定会成为主流。智能技术将融入购物的各个环节之中,优化购物体验,革新购物模式。

当前,人工成本、门店租金不断上升,网络基础设施规模化效应和移动支付不断发展,特别是物联网技术以及多种识别技术的成熟,加快了无人零售的发展,再加上资本入局,无人零售即将步入快速扩张的阶段。自动售货机作为其中重要业态之一,有望迎来新一轮爆发。例如,在自动售货机行业,最新的报告预测,到2022年,全国自动售货机总数将达150万台,比2016年增长近8倍,发展潜力非常迅猛[1]。

---

[1] 李瑞.数字经济建设与发展研究[M].北京:中国原子能出版传媒有限公司,2022.

4. 数字化与数据分析应用

零售是世界上就业人口最多、环节最复杂的行业之一，也是最能体现供应链效率的行业之一。从商品下单采购、仓储物流、销售到售后，需要很多支团队的协同作战，数字化则是极具效率的指挥棒。

美国人约翰·沃纳梅克，被称为百货商店之父，1990年初期，他曾说："我一半广告费都挥霍光了，但不知哪一半。"[①] 约翰·沃纳梅克的资料并不充分，不能很好地解决哪半广告费都浪费了这个问题，因为当时收集资料的难度过大，同时也缺少专业的数据处理技术。

在互联网和数据时代，对每一个顾客进行精准分析和对企业本身的管理都需要数据支持。企业决策正由"经验决策"不断向"数据决策"的规范转变。

数据本身已经成为企业新的资产，并将大大促进劳动生产率的提高和资产收益率的增加。

5. 全渠道营销将成为零售新常态

（1）线上线下相互引流将成为常态

未来的零售模式没有线上线下之分。随着科技的发展和互联网的普及，互联网下成长的年轻一代逐渐成为消费主力，线上与线下的边界变得更加模糊。一个消费群体，既会成为线下顾客，还将成为线上客户。他们在线上和线下来回穿梭，因此，将来零售商要兼具线上、线下两个技能，并具备充足的技术能力，可以连通线上和线下。

从库存、会员到服务、营销，都将是线上线下高度融合的，零售商必须提供体验更好的商品与服务。经过测算，现在一些大型电商平台获得一个新用户的成本达到了600~700元，这是电商零售必然要往线下延伸的客观要求。未来零售市场一定会成为一个更充分的二维结构空间市场。市场将不再是线下单一结构，唯有做到二维市场的融合规划与协同发展，才有可能抓住全部市场。

（2）电商平台将呈现"去中心化"流量趋势

流量已经成为零售业中最核心的竞争领域。在流量零售的模式下，所有的顾客一定是注册的、可链接的、可统计的、可管理的、可互动的。零售的经营将用一切有效的方式影响消费群体，逐步打造成终身价值消费者。电商巨头不仅将"全

---

① 李骞. 决胜O2O的七大支柱[M]. 北京：企业管理出版社，2014.

渠道"落实到更多零售实体业态，还会让电商平台的流量中心化逐渐开始向去中心化演变。

网络社群流量将成为新零售发展的重要方向之一。社交力、社群力正在成为新的零售营销影响力。在网络社群平台，消费者不仅可以获得一个品类丰富、汇聚海量商品的购物平台，而且还可以获得一个生活消费分享平台。消费者在开展网络购物的同时，还能享受到网络社群交往的快乐。

（3）社区零售将成为一种新的零售业态

社区作为线下主要流量入口的作用将愈发重要。社区零售通过为消费者带来便利的购物体验，帮助消费者省时省事来吸引消费者，增加用户黏性。

社区消费不仅可以培养线下用户社群，还可以增加销售收入。一般来说，开在社区的超市，售卖的生鲜价格可以做到比大卖场贵10%～15%，因为社区超市为消费者提供了购物便利性价值。消费者愿意为便利和省时来支付更多费用，年轻一代的消费者更是如此。所以，社区消费可以提供更多新的商品形式以满足消费者更多的需求，比如提供易于烹饪的半成品、无须存储更省事的商品包装、餐饮化的体验，以及提供更快速的配送到家服务等。

（4）零售供应链将成行业争夺热点

①新零售将重构供应链

新零售中的供应链，有别于传统供应链和点对点供应链，它更多是基于互联网大数据技术和信息系统，智慧化、数据化、可视化的变革是供应链服务提升的基础，在此之上才可能衍生出更多的增值服务，零售供应链将变得更加透明和高效。

融合"商品、供应链、大数据"三个重要因素的新零售供应链将会得到重构，不仅将这三者之间的距离拉得越来越近，而且让"大数据"在"供应链"及"营销"的多种场景下得以应用。

智能分仓：借助大数据分析预测，针对不同区域提前安排商品的种类和数量。

仓储便利：将门店作为仓库的载体，实现店仓结合。

配送快捷：新零售供应链中，最重要的就是快速响应的能力。例如，目前现有的生鲜类供应链可以实现生鲜最快30分钟送货到家，这有时比消费者下楼买菜更方便。

②重视零售供应链创新已成为社会共识

未来国家将大力支持推进供应链创新。2017年10月，国务院办公厅印发了《关于积极推进供应链创新与应用的指导意见》，提出了供应链创新的"协同化、服务化、智能化"的发展方向，因此在未来新零售供应链还将以消费者为中心，实现相关应用场景的智能和高效决策。2018年9月21日，商务部、工业和信息化部、生态环境部等8部门经评审，公示了一批全国供应链创新与应用试点城市和企业。

各大零售巨头纷纷争夺供应链创新制高点。2018年3月，京东携手沃尔玛、唯品会、斯坦福大学、麻省理工学院、中欧国际工商学院等合作伙伴共同发起成立全球供应链创新中心（以下简称GSIC）。据报道，该供应链资源平台将集管理洞察与研究、教练式辅导与咨询、运营服务与实施优化、管理技术开发与方案集成等功能于一体，实现供应链最佳实践、供应链场景大数据、供应链管理前沿技术的有机整合。京东成立GSIC的举措，展现了其在零售行业供应链方面的强大实力和创新决心。阿里巴巴集团已经开始零售供应链的全球布局。2018年初，菜鸟物流在英国、西班牙、马来西亚等6个国家的数十个重点城市率先实现了5日送达，且送达稳定性超过98%。截至2018年9月，菜鸟物流网络的全球合作伙伴已经超过3000家，所协同的仓库、转运中心、配送站点总面积超过3000万平方米，天猫直送当日达和次日达已经覆盖1500多个区县。全球智慧物流峰会于2018年6月召开，阿里巴巴集团董事局主席提出要全力打造全国智能物流骨干网，在我国建立24小时必达网，沿着"一带一路"建立世界72小时必到网络。从行业发展方向来看，重视零售供应链创新已成为社会共识，得供应链者得新零售。

三、数字经济下教育产业的创新

教育部等五部门联合印发《教师教育振兴行动计划》的通知。这一行动计划的出台，也标志着传统教育迎来了转型升级时期。在"互联网+"背景下，教育与时俱进，将信息技术融入课堂教学，给教学方法带来深刻变革。积极探索更加准确高效的课堂，提高教育教学质量，运用现代技术进行创新教学、精准教学将是每个教师的任务。

随着云计算、大数据、物联网、人工智能等新一代信息技术的快速发展和深入应用，推动人类社会逐渐步入了信息社会和智能社会。人类的生产方式、生活方式、思维方式和学习方式等受到了颠覆式的影响。信息技术不仅仅在改变当前的教育模式，也在为未来的教育提供更多的可能。未来的教育是建立在网络环境下的开放教育的基础之上的，比如近几年出现的"慕课"和"知乎高校"。互联网时代的教育更加注重学生的个体化和多样性，更加重视引导学生愉快地探索和学习。互联网时代的教育不再局限于传统教育的受众，而是注重培养终身学习的观念。新的时代背景和新的现实问题对未来教育改革和发展提出了新的要求，同时也对培养高素质人才、创新型人才、复合型人才提出了更高的要求。更新教育观念，转变教育模式，重构教育体系，培养创新型创业人才，其是信息社会发展的必然要求和现实选择。

（一）传统的教育模式

1. 当前教育体系

当前的教育体制有它自身的长处，正是因为在一定时间里持续且高效地向学生输出相关知识，培养专业人才，所以才有我国迄今为止的高速发展。但与此同时，它自身也存在不可忽视的短处，尤其是不利于创新型人才的成长。其中最主要的问题就是大家对教育的主观认识，过于局限和聚焦在"知识"学习上。教师传授知识，学生获取知识，用考试的成绩衡量知识的掌握情况，这些好像就是目前教育的全部内容。创造力需要有知识，却不仅仅是知识。

在学校的教育中没有重视和保护创造力所需的必然元素，比如好奇心和想象力，这些能力本是与生俱来的，并不需要老师过多地培养。如果按照这样的思路进一步思考，高校的教育改革所面临的核心问题其实是：学校除了教学生专业知识或技能外，还要营造一种环境，力求保护和鼓励学生的好奇心和想象力，让它们在学生的思维中生根发芽。

2. 应试教育与职业发展的脱节

应试教育往往被认为是以提高学生考试能力为主要目的的教育模式，考试成绩一直受到家长和老师的高度重视。这种与素质教育相对应，以背诵和解题为主要教育方式的教育模式是中世纪和现代东亚唯一通行的教育体系，因为它可以通过严苛的培训和考试加速人才的培养进程。

一方面，应试教育体制的存在有其合理性。首先，它最大的优势是可以让学生在较短的时间内掌握基本的知识与技能。其次，符合中国的国情。我国教育事业经费不足，尚不能给全面素质教育以充分的物质保证。最终以应试选才，对人口众多的中国而言，是相对公平的教育方式，是减少地区与贫富差距的一种途径。

但另一方面，应试教育与学生职业发展所需技能存在脱节现象，不能很好地满足新时代的人才需求。从教育和培训的层面出发，我国的应试教育模式对于培养具有较强创造性思维的创新式人才起到的作用微乎其微，甚至会禁锢和束缚。传统的教育模式在互联网时代到来后，已经无法很好地满足企业的人才需求。在互联网的推进下，未来教育的方法模式、专业设置等环节都将迎来变革和颠覆。

（二）"互联网+"教育走向未来

一所学校、一间教室、一位老师，这是传统教育；一个互联网、一部移动终端，不限量的学生，自由选择学校和老师，这是"互联网+教育"。"互联网+教育"可以颠覆传统教育的"固定模式"——由固定教师在固定地点、固定时间内完成固定的学习内容。学生可以借助互联网随时随地、随心所欲学习自己感兴趣的知识，进一步打破限制，拓宽了学习的广度。互联网突破了教育的时空限制和突破空间限制，推动了教育资源的分享，带来了真正公平且高质量的教育方式。

1. 让大众教育真正变为现实

优质教育资源与边远贫困地区之间的距离由最初的千里缩小到一屏，网络教育开辟了现代教育的新模式。目前，互联网已经成为推动教育公平，促进素质教育均衡发展的重要力量。

在信息和互联网快速发展的浪潮中，依托不断进步的互联网技术，传承数千年的理想化教育已经开始逐步变为现实。

2. 教育资源：慕课

在线开放课程其实就是中国版的"慕课"（MOOC，英文直译"大规模开放在线课程"的缩写）。翻转传统课堂，打破校园围墙，不仅仅是有利于学生跨校选课，还有助于学生打破知识的空间局限，促进高质量教育资源的共享。当大部分课程都可以从教室扩展到不同地区的学生的电脑和手机等终端时，中国教育的东中西部教育资源差异问题就可以有所缓解,所有的学生都可以平等地听到国内一流高校优秀教师课程,并且与他们互动。教育部推动了各高校优质资源的流通和联动,为学生分享优质教学资源提供了新的渠道。慕课未来的发展应该继续从提高质量和促进公平两个方面寻求突破。质量是实现优质共享的基础,公平是实现广泛共享的保证。没有质量的共享是没有价值的,缺乏公平的共享也终究只能是"纸上谈兵"。

3.教师角色的转换

在"互联网+"时代,不仅教育资源更加丰富,而且学生接受教育的渠道也更加多元和灵活。除此之外,教育行业的另一个主体——教师的角色也在悄然间发生了改变。

首先,教师这一角色由权威变为非权威,课堂逐渐呈现去中心化的趋势。互联网拓宽了学生的信息来源渠道,传统教育模式下,教师教什么学生学什么,很难提出质疑。但时至今日,信息爆炸的当今社会使学生每天接收大量各类信息,从而生成个人的观点。教师在传授知识的过程中也需要根据时代的变化和发展不断汲取新的营养从而进行自我革新。在传授知识的过程中由原来的单向传播转为互动性传播,教师不再代表着课堂的权威,而是与学生在讨论的过程中进行思想的碰撞从而推动双方的进步。

其次,互联网加速了社会的更新速度,要求教师也要与时俱进。除了学生群体的多样性和学生个体的复杂性以外,教育的复杂性还体现在其行业本身的多变性。这就决定了学生的学习和教师的教学是永无止境的,因此也决定了教学本身也是一个共同成长的过程。只有不断学习和思考,及时更新知识储备,更新教育观念,改进学习和教育方法,才能不为时代的浪潮所淘汰。这也要求教师必须把自己的想法和方法纳入时代的要求,才能尽可能做到和学生共同成长。面对日新月异的社会发展,墨守成规的教师已经无法满足社会的需求。

再次,教师角色从信息源转换为信息平台,教师不再是学生获取知识的唯一渠道,而是对学生起到引导和启发的作用。信息技术飞速发展的时代,教师要学会与时俱进,着力激发学生求知的兴趣。从某种层面上来看,这样的教师已经不再是信息的源头,而是逐渐演变为提供信息的平台,他们将原本纷繁复杂的信息挑选、加工、整理,然后将信息传递给学生,给予学生启发。

最后，从园丁的身份转为引路人。教师不仅要教书，更要育人。广大教师要做学生锤炼品格的引路人，做学生学习知识的引路人，做学生创新思维的引路人，做学生奉献祖国的引路人。

四、数字经济下旅游产业的创新

（一）传统旅游业的改头换面

制约我国旅游发展的因素还有很多，主要体现在制度不完善、体验性差，以及信息化程度明显滞后于行业整体发展速度等方面。与此同时，硬件和软件等方面也仍然存在问题，比如旅游信息资源分散、共享能力差、旅游信息资源开发水平低下、服务不够人性化、旅游信息技术相关人才存在大量缺口等也是行业未来发展的瓶颈。另外，交通、住宿、餐饮、旅游景点等资源配置和利用也呈现不均衡的问题。旅游城市的基本服务系统相互孤立，各种配套服务滞后等都导致了游客在旅游过程中经常存在着出行难、住宿难、吃饭难等问题。不难看出，在今天的信息化社会，继续依靠传统方式发展已经不合时宜。

1. 传统旅游业遭遇发展瓶颈

我国历史悠久、幅员辽阔，旅游资源也因此相当丰富。旅游逐渐走进寻常百姓家是从 20 世纪 80 年代开始的，但最初仍然属于奢侈消费，普通人的参与度不高。在传统旅游业中，旅游信息受到传播方式的限制，游客获取途径主要是传统报纸、广播和旅行社的纸质资料，旅游信息非常浅显且多处于单向传播的状态。消费者只能获取最基本的信息，比如旅游路线、交通工具、价格等。因此，传统旅游行业最大的痛点，归根结底还是信息化程度低，以及其导致的信息不对称、产业链运行效率低下、线上线下难以无缝结合、市场诚信体系无法有序建立等问题。

一方面，就自身来说，传统旅游业信息严重不对称导致乱象频生，每当像黄金周这样的小长假来临时，旅游问题总是占据着各大媒体的头版头条，揭露了国内景区存在的各种乱象，游客在社交平台上曝光和投诉的现象也屡见不鲜。因此，迫切需要利用互联网、大数据等手段提高传统旅游服务质量。因为互联网本质就是消除信息不对称，我们甚至可以畅想随着未来区块链技术的成熟和普及可以让信息更加透明,从而使旅游行业运行更加规范有序,给游客带来更好的旅行体验。

另一方面,就外部环境来说,以电商为代表的新型旅游对传统旅游业产生了巨大冲击。在电子商务还没有成为主流平台之前,大多数的人外出旅游所需的相关信息主要来源于旅行社,但是现在人们信息的获取来源越加广泛,比如在线旅游平台甚至是社交平台。人们挑选和订购产品都是通过线上手段完成的,而传统旅游行业注重线下的商业模式受到了前所未有的冲击。曾经随处可见的中青旅等旅游行业的实体门店如今已被大大小小的旅游电商平台取代。

与此同时,电子商务催生了个性化旅游的趋势。互联网技术的应用为各行各业积累了大量有价值的数据,在此基础上可以对游客提供更加个性化和定制化的服务。另外,在互联网时代,供应商整合资源的能力也大大提高,而提供个性化服务的成本大大降低。这就不难理解为什么近年来定制旅游可以迅速发展,且日渐呈现主流化趋势。但是这样的趋势对于行业来说又是一次全新的洗牌,原本强势的大公司也凭借自身的数据、资金等资源优势可以进一步扩展自己的版图。但是对于中小企业来讲,由于数据的局限导致其定制化产品也许无法很好地对接市场和消费者需求,因此面临着被收购甚至是破产的风险,但是洗牌也是机遇和挑战并存的,中小企业也有可能在这样的变革阶段实现"弯道超车"。

2. 智慧旅游助力传统旅游业发展

智慧旅游能在信息化智能化的时代背景下,通过物联网、云计算、大数据等最新技术,充分提高感知和利用信息的能力,及时传递、整合、交换和利用旅游目的地的各种信息,如经济、文化、公共资源、生态环境、饮食、生活、旅游、购物、娱乐等,使物与人、人与人、物与物之间的关系更加紧密。这样可以大大提高政府和企业的旅游管理水平,提高企业的服务和运营效率,为广大游客提供极大的便利,提高旅游体验。这些优势使智慧旅游成为下一波"互联网+旅游"的发展热潮。

智慧旅游强调旅游与信息技术的融合,搭建智慧旅游平台,利用"互联网+"的方式介入传统旅游产业。通过沉淀大数据,打造旅游大数据等方式为旅游业的各方参与者提供优质服务。智慧旅游的核心竞争力是通过数据分析获取消费者的市场需求,只有把准市场的脉搏,才可以为目标人群开出对症的药方。

目前智慧旅游系统主要包括以下几个组成部分：第一，智能导览。只要打开手机的定位功能就可以通过手机 App 或者微信给自己定制个性化的旅游路线并提供沿途景点的语音讲解。第二，虚拟拍照系统。游客只需站到蓝色背景墙前，选择自己喜欢的景点，根据面前的显示屏调整好拍照位置和姿势，通过手势选择拍照即可。第三，游客互动系统。比如南京博物院的一个展厅里面，放置了很多触屏的背景，进行一些问答类小游戏或者信息咨询等互动，可以回答一些与展厅展览的主题或展品相关的益智问题。第四，客流分析系统。客流分析系统最大的作用就是可以分析出单个区域的客流人数、客流密度和客流方向。如果密度超过一定数值的时候，就很可能会引起踩踏事件的发生，这就需要及时对人群导流，同时合适的客流密度也会为游客带来更好的旅行体验。

虽然智慧旅游的应用已经逐渐成为行业发展的共识，但是其自身依然存在不可忽略的短板和瓶颈，可以简单归纳为以下几点：第一，数字景区建设没有科学实用的规划和总体框架，没有适合不同层次、不同类型景区的完善建设和运营模式。如自然风光类景区和历史人文类景区对智慧系统的要求是各不相同的，但现在的数字景区系统大部分无法根据实际情况进行"私人定制"，因此在智能性上会大打折扣。同时，市场上的各大智能旅游平台提供商所提供的产品和相关服务上存在明显的同质化倾向。基于其无法适应市场多元化需求的现状，在未来的发展过程中，各个企业可以考虑深耕垂直领域的发展路径，从"大而全"向"大而专"过渡。第二，中国智能旅游项目的规划、建设、投资和运营大部分都是由当地政府主导。许多数字景区的建设和日常运营维护的资金都不能得到充分的保障。因此，未来可以广泛吸引市场和社会力量参与，拓宽资金来源的渠道。第三，我国还没有形成统一的数字景区建设标准体系和行业规范，致使不同标准之间的不协调性和不兼容性的问题更加突出。整体的信息系统缺乏协同与共享，"信息孤岛"现象仍然频频出现。因此，未来的发展需要打破现存信息壁垒，实现产业链各环节的互联互通。

虽然经过梳理后发现智慧旅游的未来发展依旧布满荆棘。但智慧旅游本身作为一个新事物，也代表着传统旅游业在互联网时代的未来发展趋势，其出现到成熟总要经历漫长的过程，相信在经过市场洗礼和社会检验后会逐步走向完整化。

（二）"互联网+"旅游新玩法

对于旅游行业来说"大数据"和"互联网思维"的出现，为传统旅游业注入了新动能。传统旅游业在经历了高速发展的阶段后，市场逐渐趋于冷静，而互联网的加入重新定义了旅游行业。

互联网与传统的旅游业融合发展已经越来越成为一种不可阻挡的趋势，这也是新的时代特点对传统旅游业提出的要求。随着我国旅游市场的主力消费人群逐渐向青年一代倾斜，在线旅游市场渗透率会进一步大幅度提高。

同时现代旅游业对大数据、人工智能的依赖性始终很强。另外，互联网为旅游服务体系全域化的创建提供了技术方面的支撑。同时，促进旅游供给侧结构性改革，有利于传统旅游企业从原来独享向全行业共建共享转变。我国旅游业借助互联网、人工智能、大数据等新技术，结合了整个国家以及世界范围内消费者对旅游消费的需求以及现有服务供给，创建"全域化"和"全球化"的旅游服务体系，并且有了积极的发展。比如，携程自主研发的SOS全球救援体系，覆盖全天候呼叫中心、专业导游领队及当地向导，并在世界各地提供专业救援服务。

1. 平台化旅游

随着互联网的普及，人们对于互联网的使用度和依赖性远胜于以前。比如，人们越来越喜欢利用互联网来规划自己的假期旅行。随着顾客对于个性化信息和产品的需求加强，在线旅游服务变得更加复杂和多元，"平台化"特征日益明显。

随着互联网走进千家万户，用户群体越来越庞大，消费习惯越来越成熟，在线旅游市场将出现一个巨大的长尾。最明显的表现就是消费者对旅游产品差异化和个性化的需求越来越旺盛，旅游平台逐渐代替旅游电商成为用户的首选。这一现象的实质就是互联网技术的不断成熟和互联网精神不断渗入旅游行业。

市场中存在两大阵营：一是以携程、艺龙、途牛等公司为代表的传统OTA（Online Travel Agency，在线旅行社）企业。二是以阿里旅行、去哪儿网为代表的在线旅游平台。在以上两个阵营中，OTA公司专注于线下产品的开发，从商业模式来看，这一阵营更像传统的旅游公司借助互联网进行了渠道整合。相比之下，阿里旅行（飞猪）和去哪儿网等平台服务提供商拥有更加纯粹的互联网基因，并且真正做到了轻资产，将注意力专注于线上平台建设。线上数据的积累使它们对客户需求更加敏感，平台灵活的商业模式使其更容易整合各类渠道商和旅游产品。

从本质上来看，OTA 更加倾向于是一种在线旅行社，即作为代理商直接与酒店或航空公司等产业链其他环节合作，来赚取巨额利润的商业模式。类似飞猪和去哪儿网等旅游平台，它们倾向于通过整合行业内的中小 OTA 企业的产品信息，然后面向用户提供各个 OTA 的线上销售的服务，是连接传统 OTA 企业和消费者的一种桥梁和渠道。

总体而言，虽然 OTA 公司在网上旅游行业一直占据着不可取代的地位，但是在线旅游平台的迅速发展使这些公司看到自身的缺陷，以携程为代表的传统 OTA 企业也在悄然向在线旅游平台过渡。一方面，OTA 本身拥有众多线下渠道，其思维方式与"重资产"的传统旅游企业有着千丝万缕的联系，一时难以适应新注入的互联网基因。另一方面，将原本以产品开发为核心竞争力的公司转化为以平台搭建为主的公司，其转型并不容易。

2. 社交化旅游

社交化旅游的概念是欧美兴起的，在国内的旅游领域还处于初级阶段，表现形式以团队游为主。随着消费者个性化需求的不断提升，自由行愈发成为一个趋势，而自由行又与社交旅游息息相关。比如，驴友之间的组织、游记的分享等。

"社交旅行"是指以旅游为载体，通过团队出游、社交平台分享等手段满足消费者社交需求的旅行方式。社交旅游的形式最早是伴随着社交平台一同出现的，通过更新旅行照片和游记的方式吸引"粉丝"。如今，在微博、抖音等社交平台上也出现了大量的旅游博主且"粉丝"众多。

社交旅游的实质是对生活质量的一种追求，因此用户对低价机票、低价酒店的关注度并不热衷，反而是关注更加适合自己、更具个性或更加新颖的旅游产品。这种旅行方式往往更受年轻人喜爱，而年轻群体对于社交平台的使用也是相对高频的。

因此，在社交类旅游产品的开发和设计过程中会着重考虑时下年轻人的需求，并结合当下最受年轻人欢迎的社交平台进行推广。比如，因为抖音而成为旅游胜地的西安和重庆洪崖洞等，虽然原本就是家喻户晓的旅游地，但因为社交平台的助力，吸引了年轻人的目光，引发了年轻人的出游欲望，并在旅行过程中，在各大平台上自发进行口碑传播，这样一传十、十传百，前去旅游的人络绎不绝，这是传统旅游业无法实现的。

在线社交平台具有聚集流量和较强的渗透性等特征。为什么大家难以接受支付宝开发社交功能，而能接受微信开发支付功能？其主要原因在于，支付宝的社交功能对于用户来说是被强加的，在没有用户社交需求的情况下显得十分多余，而微信的支付功能则是按照消费者的需求自然衍生出来的，两者的因果逻辑存在本质上的区别。而旅游服务平台开发社交功能又和支付宝的情况截然不同，这是因为旅游这一行为天然具有社交属性，人总是喜欢把有趣的经历与他人分享，由此是在用户的潜在需求的基础上进行开发。

3. 定制化旅游

定制旅游是指以客户需求为中心，满足旅行者个性化体验需求的一种旅游方式。旅游企业通过与消费者进行深度交流和沟通，让他们全方位地参与旅游线路的设计、旅游主题的拟定、配套服务的筛选等环节，并且由专门的旅游定制师根据专业知识提出意见，共同设计出符合消费者需求的高品质方案。由此在大量的定制服务中，寻找不同消费者的核心需求，并逐渐在此基础上进行模块化生产。

传统旅游的核心是旅游资源和渠道资源。如何精准地预测出消费者的出行需求，然后安排一系列的诸如酒店、航班、景区等配套设施，这是打造传统旅游产品的主要方式。但定制游彻底颠覆了这种方式，其核心从最初的资源转移到客户需求。因此，行业内在设计定制游过程中普遍遵循以下四个原则：首先是以客户需求为目标导向。其次是注重互动性，使消费者的意见和需求得到充分尊重和满足。再次是基于旅游市场消费者的复杂性，定制游要满足多变的需求。最后是要体现出明显高于传统旅游的水准，因此定制游的成本普遍较高，且面对的人群也主要集中于中高端收入者。但未来随着模式的成熟，边际成本的逐渐下降，定制游会逐渐成为大众化的选择。

定制游的出现也带来了旅游服务方式的变革。主要表现在互动性方面，消费者不再是被动参与而是主动交流，将自己的想法意见实时反馈给专业的定制师，并融合定制师的意见，形成相对完整和成熟的旅行计划。

随着不同旅游行业消费市场的细分，消费者的要求会越来越细化和垂直，这就需要产品可以随时根据客户需求进行改变。定制游的客户通常希望得到高于普通跟团游和自助游的服务。因此需要定制游产品的规划者拥有丰富的专业知识和相关经验，而复合型人才的缺乏也是未来定制游发展的主要困难之一。

在我国，一切以客户需求为导向的旅游形态都可以归结为定制游。除了狭义上的私人定制和包团外，商旅定制、特色自由行、主题游等也都在这一范畴之内。其中，主题定制是个极具潜力的市场。主题定制旅游产品又可以根据人群的特点和兴趣进行分类。比如，从人群的角度出发，可以分为亲子游、闺蜜游等；从兴趣爱好的角度出发，又可划分为体育旅游、电竞旅游以及摄影旅游等。在每个主题领域又可以继续再向下进行细分，如体育旅行中的高尔夫、攀岩、自驾等不同主题，结合不同主体的需求提供精准和聚焦的产品是未来的一大发展趋势。因为，在互联网时代，旅游业除了头部的传统跟团游，还有一个巨大的长尾，这是未来定制游发展的一片巨大蓝海。

第五章　互联网时代中国数字经济发展展望

本章是互联网时代中国数字经济发展展望，主要结合我国现阶段互联网相关技术和数字经济发展现状，介绍了对未来经济领域的发展展望、对未来科技领域的发展展望、对未来管理领域的发展展望几方面。

第一节　对未来经济领域的发展展望

一、新业态、新模式助力数字经济发展

疫情催生下的新业态、新模式成为数字经济发展的活力因子。从世卫数据看，新冠全球大流行已经趋于结束，而以数字化生存需求为牵引的新业态新模式仍将层出不穷。早在 2020 年，国家发改委、中央网信办印发了《关于推进"上云用数赋智"行动培育新经济发展实施方案》的通知，提出要大力发展共享经济、数字贸易、零工经济，支持新零售、在线消费、无接触配送、互联网医疗、线上教育、一站式出行、共享员工、远程办公、"宅经济等新业态"[①]。伴随着后疫情时代公众生活方式的改变，可以预见以宅生活、无接触、远程化云共享等为特征的新业态新模式将加速发展。

二、中小微企业获得良好发展机会

数据要素市场生态体系的成熟和完善为中小微企业发展提供契机。继 2020 年中央重磅发文将数据与土地、劳动力、资本、技术等传统要素并列纳入生产要素范畴，提出要加快培育数据要素市场以来，推进政府数据开放共享，提升社会

---

① 关于推进"上云用数赋智"行动 培育新经济发展实施方案[J]. 电子政务，2020（05）：2+125.

数据资源价值，加强数据资源整合和安全保护等领域的工作一直有序推进。2022年，《关于构建数据基础制度更好发挥数据要素作用的意见》提出二十条政策措施，为中国数据基础制度体系初步搭建制度框架，为激活数据要素潜能，做强做优做大数字经济奠定了重要的政策基础。中国各地方、各部门也在数据交易市场建设、构建全国统一的数据要素大市场方面作出诸多探索。2023年，伴随着数据流通规则的进一步完善，可以预见数据将被更加合理地使用和流转，中小微企业将会有更多机会参与到数字化转型过程中并借助数据要素规模化红利提供新的经济发展动能。

三、平台企业常态化监管为数字经济提供弹性发展空间

平台企业常态化监管为数字经济、平台企业提供更多发展弹性和空间。平台经济是数字经济发展的核心。2020年、2021年平台经济的监管重点在强化反垄断和防止资本无序扩张、加强反垄断和反不正当竞争领域开展。2022年，中央经济工作会议再次强调国家支持平台企业创新发展，重点提出"加强各类政策协调配合，形成共促高质量发展合力"[①]支持平台企业在引领发展、创造就业、国际竞争中大显身手。对于平台企业而言，意味着在2023年平台经济将迎来常态化监管新阶段，平台经济将进入更加平稳健康发展的新局面。

第二节 对未来科技领域的发展展望

信息技术发展日新月异，不但显著改变了人民群众的生活，也深刻改变了社会生产方式。我国是一个新兴的发展中国家，已经成功追赶上了风起云涌的信息科技大潮，并且正在逐步成为全球信息科技，尤其是互联网科技的创新中心，引领着互联网科技创新趋势、推动产业潮流发展，还对数字经济发展作出了突出贡献。

---

① 新华社.推动经济运行整体好转——韩文秀解读2022年中央经济工作会议精神[EB/OL]（2022-12-18）[2022-11-20].http://www.gov.cn/zhengce/2022/12/18/content_5732565.htm.

一、互联网行业转型驱动数字经济发展

目前全球正面临着许多不确定性因素,特别是俄乌冲突、美欧通胀、逆全球化等都阻碍着世界经济的增长。在上述叠加因素的作用下,中国经济发展并没有想象中那样顺利,但是值得关注的是,与数字经济相关的各项指标都取得了辉煌的成绩,逆势增长,我国经济发展韧性进一步得到提升。

信息论的创始人克劳德·香农曾说:"信息是用来减少随机不确定性的东西,信息的价值是确定性的增加。"[1]确实是这样,我们用数字化的方法,便可获取数字并进行分析,便可以大大地消除多种信息不对称,从而达到优化资源配置的目的。

长期以来,我国政府主管部门在治理互联网方面持谨慎和宽容态度,推动着互联网及互联网产业取得了突飞猛进的发展,但是,与此同时,也必然会遇到这样那样的问题。例如,有的公司借助大平台垄断压制同行,算法的滥用侵害了消费者的利益。因此,相关管理机构采取了一些必要的治理措施,也收到显著成效,有利于推动互联网行业更加规范有序地跨入一个更加健康的发展新时期,也迎来了一个崭新而又巨大的发展契机。这正是当前我国数字化相关经济指标表现突出的宏观背景。

在新的阶段,挑战和机遇共存。一方面我们该明白,依靠用户数量增长来带动互联网企业及行业发展的传统模式是难以持续的。经过二十余年尤其是近十年来的迅速发展,我国互联网的软硬件环境已经发生了根本性的变化。互联网普及率在七成以上,用户基本饱和;用户平均上网时长,已达日均四小时。可知,依靠增加网民数量、提高上网时长来推动发展的空间已十分有限。另一方面,我们也应该看到,在新技术的驱动下,中国互联网的内生动力越来越大。自20世纪90年代互联网商业化发展以来,中国成功追赶上了信息科技的大潮,培养出一批享誉全球的本土互联网企业。在移动通信4G大力发展的今天,中国社会首先大踏步跨入移动互联网时代。随着云计算、区块链、大数据、物联网、人工智能等新技术的涌现与应用,尤其5G的推广,中国开启了工业互联网时代,建构起可信互联网、价值互联网。

---

[1] 姜红德.工业智能化,面向不确定性进行抉择[J].中国信息化,2019(06):24-25.

二、IPv4 向 IPv6 的发展进程加快

互联网协议第 6 版即 IPv6，作为新一代互联网商业应用的解决方案得到了广泛的认可。目前世界各国都加快了 IPv4 到 IPv6 的进程。相关数据表明，截至 2022 年 6 月底，全球 IPv6 的活跃用户数占网民数的比重已经超过 31%；截至 5 月，中国 IPv6 的活跃用户数约 7 亿，占全国网民总数约 67%。IPv6 的流量分别占城域网流量的 10.8% 和 LTE 移动网流量的 40.8%[①]。

加速 IPv4 到 IPv6 转变的方法，已经不仅仅是对 IPv4 地址缺陷的补充，其更加注重 IPv6 地址空间能力扩展和创新潜力的发挥，使 IPv6 和新一代信息技术充分结合，产生乘数效应。由于 IPv6 具有可扩展报头，提供了极大可编程空间，可用于定义 IP 包携带的用户类型、业务类型、带宽、时延和其他方面的性能需求，即 IPv6 报头拥有面对用户的应用感知能力。相对于以往在控制面或者应用层才被感知的情况，IPv6 使复杂性明显降低，增强精准性、实时性。

当前，IPv6 仍具有巨大潜力，特别是需要挖掘在云端（云计算）、网络（互联网）、边（边缘计算）、端（终端）协同以及网络安全的潜力，这为中国运营商、互联网服务企业及其他企业带来了巨大创新空间，又为我国实现网络技术标准的引领与自主可控，创造难得的契机。我们应该提高对于 IPv6 开发和认知，采用各种措施着力推进 IPv6 在国内的大规模部署与应用不断向纵深发展，加速推动互联网演进升级。

三、"双千兆"网络服务支撑经济社会数字化转型

信息和通信基础设施具有十分重要的意义，是数字经济发展的基础，是推动经济社会数字化转型的基石。"双千兆"网是由千兆光网与 5G 组成的，它不仅是宽带网络向前发展的目标，还是新型基础设施的承载底座，具有重要作用。"双千兆"网络所拥有的超高速率、毫秒级的超低时延及其他高级特性，是实现无人驾驶、远程医疗、虚拟现实等技术的基础，对促进我国社会经济高质量发展、建设新发展格局意义重大。

近些年，中国网络新基建尤其是"双千兆"网络建设成绩突出。据统计，到

---

① 中国具备数字经济巨大优势——互联网当前热点解析 [R/OL]（2022-08-15）. https：//www.zjwx.gov.cn/art/2022/8/15/art_1673579_58871811.html

2022年6月底，三家基础电信企业固定互联网宽带接入用户数达到5.63亿，比上年净增2705万。其中百兆以上接入速率固定上网宽带接入用户达到5.27亿，占用户总数的93.7%左右；千兆以上接入速率固定互联网宽带接入用户6111万，与上年末相比，净增加2656万，占用户总数的10.9%。中国5G移动电话用户数已达到4.55亿户，占移动电话用户数27.3%，在世界5G用户数中占有60%以上的份额，每月每一个用户都会有14GB以上的流量被利用[①]。值得一提的是，北京、上海等29个城市成为全国首批千兆网络城市。

四、"Web3.0"未来难以成为主流

"Web3.0"是时下的一个热门词语，是相对于"Web1.0""Web2.0"来说的。"Web1.0"是和个人电脑时代互联网相对应的，用户使用web浏览器搜索门户网站，内容是以浏览、搜索为主，是一种单向获取。用户仅仅是被动地接收内容，缺乏互动体验。"Web1.0"的典型代表网站是新浪、网易等。"Web2.0"是和移动互联网相对应的，用户已经不仅仅是内容的接受者，还可实现在线阅读、评论，甚至内容制作，用户同时是内容提供方，可和其他用户互动。以提供服务为核心，以网络平台为龙头，汇聚了大量的网络数据，成就了腾讯、抖音等中国大型互联网平台企业。

网络平台的主导地位，使得用户难以维护自身权益。例如，用户将自己的作品上传至网络，但不能保护作品版权，极易被盗版或被下载，不能达到用户所期望的价值。因此，"Web3.0"诞生了，在"Web3.0"环境中，用户只需要打造一个通用数字身份体系，便可以在各个平台使用这个身份，实现去中心化身份认证。通过区块链、数字水印以及数字货币的方式，用户可对上传网络的作品进行权属认定，将数字资产和实物资产相关联，实现它的价值，取得与网络平台共享收益的权利。

"Web3.0"是对"Web2.0"的改进，它具有明显的特色与优点。那么，"Web3.0"在将来是否必然是主流呢？答案是否定的。究其原因，主要是一方面在"Web3.0"的大环境中，网络用户均采用匿名形式，给监管与治理带来不利，

---

① 工信部：上半年电信业务收入累计完成8158亿元[EB/OL]（2022-07-05）[2022-11-20]. https://baijiahao.baidu.com/s?id=1739307134360896373&wfr=spider&for=pc

彻底去中心化也会导致金融方面的风险增加；另一方面是区块链、数字水印和其他技术是收费的，除个别人群外，如网络游戏玩家，真正有意愿为之付费的网络用户所占的比例非常低。所以本书认为，"Web3.0"在许多人心目中不会成为一个"刚需"，起码不能在一般人中间推广开。

五、短期内元宇宙仅是商业符号

当下，元宇宙风头正盛，各方看法不同。本书认为，元宇宙和人们熟知的数字孪生正好是对立的，数字孪生将现实空间向虚拟空间进行映射，而元宇宙则是把人的想象扩展出来的虚拟空间向现实世界延伸，使虚拟和现实之间的边界变得模糊。

"元宇宙"一词，更像是商业符号，其自身无任何新技术可言，而是大量现有的5G、云计算、虚拟现实、数字货币、云计算、物联网等技术的融合，并对上述技术提出了更高的要求。这类科技的开发程度还不能达到元宇宙对科技的要求，事实上，不仅现在再经过几年也很难达到。

例如，元宇宙对宽带的要求非常"苛刻"。如果是简单的虚拟现实、增强现实，5G带宽完全能够提供支撑。但若涉及混合现实和全息影像、感官之互联及其他高阶之运用，5G束手无策。事实上元宇宙也许会一次携带成千上万的并发数据流，数据吞吐量可达TB（太字节）级别，唯有未来6G才有可能为其提供支持。

元宇宙以消费类应用为主，包括文化旅游、感官交互的高体验游戏等，今后，将向数字创意设计、开发平台、虚拟办公空间等延伸。但在商业模式中，元宇宙及社交媒体与虚拟现实、增强现实等相比较，并无根本性改变，并且仅仅是一个小众市场。

六、互联网仍是数字经济主导力量

当今，互联网表现出同过去不一样的特征。但是，遵循的依旧是通信技术的三大定律：摩尔定律、梅特卡夫定律、吉尔德定律，这些定律依然行之有效，不断推进互联网创新发展，使数字经济具有高度创新性、长渗透性、广覆盖性等突出特点，担当起促进数字经济发展的主导力量。

按照摩尔定律，集成电路上可容纳的晶体管数目大概每隔18个月就会增加一倍。换句话说，处理器的性能大概每 18 个月翻一番，与此同时，价格跌到了以前的二分之一。摩尔定律在提出后的数十年中，得到了人们的不断证实。尽管一些人认为，摩尔定律难以为继，但就目前而言，摩尔定律仍然存在于科技的不断革新中，持续推动数字经济向高创新性、高增长性发展。

梅特卡夫定律认为，一个网络的价值等于该网络内的节点数的平方，而且该网络的价值与联网的用户数的平方成正比。也就是说，网络用户越多，该网络的价值就越大，表现为网络经济的高渗透率[1]。

吉尔德定律提出，在未来 25 年，主干网的带宽每 6 个月增长一倍，12 个月增长两倍。其增长速度是摩尔定律预测的 CPU 增长速度的 3 倍，并预言将来上网会免费[2]。这其实体现出数字经济的一个显著特征，就是边际成本可以大幅度降低，呈现出数字经济广覆盖的特征。

根据以上定律，我们能够发现中国在数字经济发展方面有很大的优势。我国人口众多，宽带在中国的覆盖率非常高，甚至渗透到了全部乡镇，并且会得到进一步的完善，创造了数字经济发展的广阔市场空间。不但如此，网速还得到了显著的提高，固网宽带平均下载速率与移动网络平均下载速率在全球范围内都位居前列。以先进的公共网络基础设施为支撑，中国企业不需要自建内网，就能够进行数字化转型。这些优势有助于中国发展数字经济，可以用最小的代价，得到最大的收益。

第三节 对未来管理领域的发展展望

一、推动企业和市场的数字化创新步伐

推动数字经济发展，首先要解决的问题是如何从国家和政府层面采取积极的战略行动保障数字经济加快发展。

---

[1] 中国具备数字经济巨大优势——互联网当前热点解析 [R/OL]（2022-08-15）[2022-11-20]. https://www.zjwx.gov.cn/art/2022/8/15/art_1673579_58871811.html

[2] 中国具备数字经济巨大优势——互联网当前热点解析 [R/OL]（2022-08-15）[2022-11-20]. https://www.zjwx.gov.cn/art/2022/8/15/art_1673579_58871811.html

（一）推动企业和市场的数字化基础建设

因为信息化是数字经济发展的基础，大数据是数字经济发展的新平台、新手段和新途径，所以深入推进国家信息化战略和国家大数据战略，是加快数字经济时代企业和市场数字化基础建设的前提，是从国家和政府层面解决数字经济发展"最先一公里"的问题。

1. 推进国家信息化战略

如今，信息技术蓬勃发展，以期实现社会的全面的数字化、网络化、智能化。信息化在全世界范围内已步入全面渗透、跨界融合、加快创新的新阶段。谁率先站在信息化的最高点，谁就能把握先机，赢在优势，赢在保障，赢在未来。

（1）信息化与数字经济的关系

早在20世纪90年代，数字经济的概念就已经出现。进入21世纪，云计算、物联网和其他信息技术应运而生，再一次把数字经济推到一个新的顶峰。与此同时，大数据、人工智能和虚拟现实等技术的应用，以及区域链和其他技术的崛起给人带来希望，世界上许多国家不谋而合，都把这些新型信息技术列为今后发展的关键项目。

如今，数字经济引领创新发展，为经济增长注入新动力已经成为普遍共识。

通过数字经济的发展历程来看，数字经济可以泛指以网络信息技术为重要内容的经济活动。因此，从某种意义讲，数字经济也可以通俗理解为网络经济或信息经济。

现代信息技术的应用日益广泛，推动数字经济浪潮汹涌而至，使其成为带动传统经济转型升级的重要途径和驱动力量。根据数字经济的内涵和定义分析，信息化为数字经济发展提供必需的生产要素、平台载体和技术手段等重要条件。换言之，信息化是数字经济发展中的基础。信息化解决了网络和云计算的普及和相关的可靠性、安全性保障的问题。具体表现为信息化对企业具有极大的战略意义和价值，使企业在竞争中取胜，同时企业信息化的积极性最高，因此在信息化中企业占据主导地位。如近年出现的云计算、人工智能、虚拟现实等信息化建设，均以企业为主体，这主要是由于在信息社会，信息本身就是重要商品，人们大量地消费信息。数字经济的特点之一就是信息成为普遍的商品，主要任务是跨越从信息资源到信息应用的鸿沟。信息化是个人成长和需求发布和沟通的重要通道，是社会公平和教育普惠的基础,信息化使个人拥有极大空间。这是因为按需生产是数字经济的一个重要特征,而要做到按照需求合理地供给,必须靠信息。信息化是提升政府工作效率的有效手段,是连接社会的纽带。政府是信息化的使用者,同时由于信息化的复杂性,政府需要对信息化加强引导和监管。

(2)加快推进国家信息化战略

21世纪,促进数字经济加快成长可以让企业广泛受益、群众普遍受惠。衡量数字经济发展水平的主要标志是人均信息消费水平。按照《国家信息化发展战略纲要》要求,围绕"五位一体"总体布局和"四个全面"战略布局,牢固树立创新、协调、绿色、开放、共享的新发展理念,贯彻以人民为中心的发展思想,信息化带动现代化是主线,旨在打造一个网络强国,重点加强国家信息化发展能力建设,注重信息化应用水平的提升,注重信息化发展环境的改善,使信息化惠及社会,惠及百姓,为实现中华民族伟大复兴中国梦打下坚实的基础。

(3)先行先试:加快国家信息经济示范区建设

一是打造经济发展新引擎,在制造业与互联网的深度融合、社会发展的深度应用、政府服务与管理的深度应用上开展示范。二是培育创新驱动发展新动能,突破信息经济关键核心技术,推进科技成果转化与应用,大力实施开放式创新。三是推进体制机制创新,重点在信息基础设施共建共享、互联网的区域开放应用和管控体系、公共数据资源开放共享、推动"互联网+"新业态发展、政府管理与服务等方面进行探索创新,以此持续释放信息经济发展红利。

2. 推进国家大数据战略

云计算、大数据、移动互联网、物联网和人工智能的出现,推动了第二次信息革命——数据革命,让社会进入数字经济2.0时代。这一时期,大数据的迅速发展起到了更为关键的作用。

信息技术在经济社会中的广泛应用,推动着数据的飞速增长,数据已经成为一个国家的根本战略资源,大数据越来越多地作用于全世界的生产、流通和分配、消费活动中,对国家经济的运行、人们的生活方式以及国家的管理都有着显著的影响。当前,在大数据应用方面,我国有了一定基础和发展,在市场发展、发明创造上拥有优势和潜力,但是存在着政府数据开放共享不充分的问题,整个产业存在着基础薄弱、缺少系统设计和规划等问题。大数据立法方面也存在着滞后的问题，缺乏一定的创新动力等，这些都是亟须解决的问题。

（1）大数据发展形势及重要意义

我国的互联网、移动互联网的用户规模位居世界首位，数据资源丰富，应用市场优势明显，在大数据的一些关键技术的研究和开发方面有所突破，一批互联网创新企业、创新应用不断涌现，部分地方政府开展了与大数据有关的工作。坚持以创新驱动发展，加快推进大数据部署，深入推进大数据应用，已经变成稳增长、促改革、调结构、惠民生，推进政府治理能力现代化的内在要求，也是促进社会发展的必然选择。

①大数据成为推动经济转型发展的新动力

用数据流带动技术流、物质流、资金流和人才流，将对社会分工与合作的组织模式产生深刻影响，推动生产组织方式朝着集约化与创新化发展，大数据促进了社会生产要素通过网络化实现共享、整合，协作和发展，使生产要素利用更高效。它改变了传统生产方式，并使经济运行机制发生转变。大数据不断刺激着商业模式的创新，不断催生出新业态，互联网这样一个新兴领域，推动了业务的创新增值，提高了企业核心价值。大数据产业正逐渐成为经济新增长点，它对今后信息产业的格局会产生不可忽视的影响。

②大数据成了重塑国家竞争优势的新路径

在信息全球化迅猛发展的时代背景下，大数据悄然成了各国最关键的基础战略资源，并引领着科技不断更新和发展。只有将我国数据规模优势充分发挥出来，同时提高大数据的数据规模、质量以及应用水平，进一步挖掘数据资源内在的价值才能更好发挥其战略作用，加强对大数据的主权保护，保障国家安全和切实提高国家竞争力。

③大数据成为提升政府治理能力的新途径

大数据应用可以实现政府数据公开与共享，将看似毫无联系的方面通过数据关联起来，推动社会各项资源的整合。它将大大提高政府对数据的整理分析能力，并为有效应对复杂社会问题提供了一种全新方法。建立"用数据说话、用数据决策、用数据管理、用数据创新"的管理机制，实现基于数据的科学决策，将推动政府管理理念与社会治理模式的发展，加快构建法治政府、创新政府、廉洁政府以及服务型政府的步伐，以适应社会主义市场经济和中国特色社会主义事业的快速发展。

（2）大数据与信息化、数字经济关系

信息技术和经济社会的融合，导致数据急剧增加，大数据技术随之出现。与此同时，大数据的迅速发展又掀起了新的信息化浪潮，为信息产业和数字经济发展带来了新机遇、新挑战。

①大数据与信息化

与以往数据比较，大数据更多表现出容量大、类型多、存取速度快、应用价值高等特征，是数据集合。这种海量数据的采集、存储、分析和运用必须以信息化为基础，充分利用现代信息通信技术才能实现。一是大数据推动了信息化新发展。大数据作为新的产业，它不但具备第一产业的资源性，还具备第二产业的加工性和第三产业的服务性，因此它是一个新兴的战略性产业，其开发利用的潜在价值巨大。实际上，我们对大数据开发利用的过程，即是推进信息化发展的过程。因为大数据加速了信息化与传统产业、行业的融合发展，掀起了新的信息化浪潮和信息技术革命，推动了传统产业、行业转型升级发展。所以，从这个层面讲，大数据推动信息化与传统产业、行业的融合发展的过程，也就是"互联网+"深入发展的过程。"互联网+"是一种新型经济形态，利用膨胀增长的信息资源推动互联网与传统行业相融合，促进各行业的全面发展。"互联网+"的核心不在于"互联网"而在于"+"，关键是融合。传统行业与互联网建立起有效的连接，打破信息的不对称，结合各自的优势，迸发出新的业态和创新点，从而实现真正的融合发展。大数据在"互联网+"的发展中扮演着重要的角色，大数据服务、大数据营销、大数据金融等，都将共同推进"互联网+"的进程，促进互联网与各行各业的融合发展。未来的"互联网+"模式是去中心化，最大限度连接各个传统行业中最具实力的合作伙伴，使之相互融合，才能最大限度地强化整个生态圈的力量。二是大数据是信息化的表现形式，或者说是信息化的实现途径和媒介。在数字经济时代，信息技术同样是经济发展的核心要素，只是信息更多由数据表现，并且这种数据容量越来越大、类型越来越复杂、变化速度越来越快。所以，需要对数据进行采集、存储、加工、分析，形成数据集合——大数据。因此，大数据既是信息化新的表现形式，又是新的信息化实现的途径和媒介。

②大数据与数字经济

大数据与数字经济都以信息化为基础，并且都与互联网相互联系，所以要准确理解大数据与数字经济的关系，必须以互联网（更准确讲是"互联网+"）为联系纽带进行分析。互联网是新兴技术和先进生产力的代表，"互联网+"强调的是连接，是互联网对其他行业提升激活、创新赋能的价值迸发，数字经济呈现的则是全面连接之后的产出和效益，即"互联网+"是手段，数字经济是结果。数字经济概念与"互联网+"战略的主题思想一脉相承。数字经济发展的过程也是"互联网+"行动落实的过程，是新旧经济发展动能转换的过程，也是传统行业企业将云计算、大数据、人工智能等新技术应用到产品和服务上，融合创新、包容发展的过程。由此看来，大数据是传统行业与互联网融合的一种有效的手段；同时大数据也是数字经济结果实现的新平台、新手段和新途径，大数据的发展推进了"互联网+"行动落地的过程，推进了新旧经济发展动能转换的过程；大数据加快互联网与传统产业深度融合，加快传统产业的数字化、智能化，为做大做强数字经济提供必要条件和手段。数字经济时代，经济发展必然以数据为核心要素。

（3）加快推进国家大数据战略

《促进大数据发展行动纲要》（以下简称《纲要》）要求，立足我国国情和现实需要，推动大数据发展和应用在未来5~10年逐步实现5项目标：打造精准治理、多方协作的社会治理新模式，建立运行平稳的经济运行新机制；构建以人为本、惠及全民的民生服务新体系；开启大众创业、万众创新驱动新格局；培育高端智能、新兴繁荣的产业发展新生态。《纲要》部署三方面主要任务：一要加快政府数据开放共享，推动资源整合，提升治理能力；二要助力产业创新发展，培育新兴业态，助力经济转型；三要强化安全保障，提高管理能力，促业健康发展。针对以上目标和任务，《纲要》提出，要加快推进政府十大系统工程建设，它们是：数据资源共享开放工程、国家大数据资源统筹发展工程、政府治理大数据工程、公共服务大数据工程、工业和新兴产业大数据工程、现代农业大数据工程、万众创新大数据工程、大数据关键技术及产品研发与产业化工程、大数据产业支撑能力提升工程、网络和大数据安全保障工程。[①]

此外，还需要从法规制度、市场机制、标准规范、财政金融、人才培养和国际合作等方面，为大数据推动数字经济发展提供政策保障。

[①] 国务院.促进大数据发展行动纲要[M].北京：人民出版社，2015.

（二）优化数字经济发展的市场环境

国家信息化战略和大数据战略的深入实施，极大地提高了企业和市场的数字化基础建设的水平，为数字经济发展提供了重要基础和新平台。另外，数字经济的发展还需要具备良好的市场环境。

1. 加强企业数字化建设

我国企业数字化建设仍然处于基础设施建设阶段，深层次应用与创新有待进一步提高。因此，加强企业数字化建设，是企业发展数字经济，抢占新经济"蓝海"的当务之急。鼓励企业增加对数字化建设的资金投入，积极进行数字经济立法，不断改善市场环境，规范市场竞争，是加快我国企业与市场数字化创新的需要。

2. 优化互联网市场环境

当前，市场数字化快速发展势头很足，与此同时，市场环境却还未发展成熟。中国互联网行业结束了自由竞争阶段，进入寡头竞争阶段。但由于我国互联网市场监管法规不够健全，导致寡头经营者极容易利用技术壁垒和用户规模优势，垄断互联网市场，进而危害消费者权益，阻碍技术创新发展，导致网络不正当竞争现象不断出现。因为网络具有虚拟性、开放性等特点，导致网络恶意竞争行为被隐藏了起来，付出的代价小，产生的危害大，不只是对单个企业利益的侵害，更冲击了公平有序的市场环境，严重威胁数字化市场发展。

综上所述，中国数字经济已经扬帆起航，正在引领经济增长从低起点高速追赶走向高水平稳健超越，供给结构从中低端增量扩能走向中高端供给优化，动力引擎从密集的要素投入走向持续的创新驱动，技术产业从模仿式跟跑、并跑向自主型并跑、领跑全面转型，为最终实现经济发展方式的根本性转变提供了强大的引擎。

二、调整产业结构，提升信息化程度

数字经济正在引领传统产业转型升级，数字经济正在改变全球产业结构，数字经济正在改变企业生产方式。由此可见，数字经济时代政府如何调整产业结构，提高信息化程度，紧紧跟随数字经济发展潮流和趋势，是必须面对的新时代课题。

（一）大数据驱动产业创新发展

大数据驱动下的工业转型升级要在新形势下大力发展数字经济，就要利用好大数据、云计算、物联网等新兴信息技术，探索大数据和传统产业的融合，形成新的产业形态，用信息技术推动传统产业升级，大力发展新兴产业，寻找新的经济增长点。

1. 大数据驱动工业转型升级

实现大数据在产品研发、生产制造、经营管理、销售、售后等各环节的应用，对用户的需求进行分析和感知，增加产品的附加价值；实现工厂的智能化、信息化。搭建工业大数据资源聚合与分析应用平台，针对不同产业与环节，把握互联网跨界融合契机，促进大数据、物联网、云计算、三维（3D）打印技术、个性化定制等在制造业全产业链集成应用，推动制造模式变革和工业转型升级。

2. 大数据催生新兴产业

国家要着力培育新领域、新业态，如互联网金融、数据材料、数据服务、数据制药等。相关行业应提高对大数据资源的采集和利用效率，充分挖掘大数据在支持创新方面的潜能，引领技术研发的创新，实现管理方式的转变，实现商业模式的创新，重建产业价值链。此外，国家还要促进不同领域和行业之间实现数据融合及协作创新，推动不同产业实现新业态、新形式的发展，完善服务行业，实现信息消费的扩大等，以实现经济的新增长。

3. 大数据驱动农业农村发展

国家要建设"三农"综合信息服务体系，通过提供信息综合的服务，使农民生活更加便捷，农业生产更加高效，缩小和城市的发展不平衡性，推动城乡一体化发展；加强农业和农村经济大数据建设，提升村、县有关数据的搜集和传送、共享；构建农业农村服务信息采集体系，实现信息的采集的专业化、常态化；加强信息利用率，提高数据预警能力；与全国涉农大数据中心建设相结合，促进各个区域、各个产业的发展；加快"三农"大数据关键技术的研究与开放，并加大示范力度，提升农业生产的智能化、经营管理的高效化，提升服务的便捷性和服务水平。

4. 推进基础研究和核心技术攻关

相关部门和企业以数学科学理论体系为中心，利用大数据计算和分析理论、大数据驱动的颠覆性应用模型探索等一些重大研究成果,继续进行核心技术探索和攻关;同时,采用产学研结合的方式,以开源社区的开发创新模式为依托,加强海量数据存储、数据分析发掘、数据可视化、信息安全与隐私保护等方面的关键技术研发,提升大数据体系的安全性和可靠性;推动自然语言理解、机器学习、深度学习等人工智能技术创新,提高数据分析处理能力和辅助决策能力等。

5.形成大数据产品体系和产业链

相关部门和企业围绕资料的收集整理、挖掘分析、展示应用和其他环节,支持大规模通用的海量数据的存储,加大对数据管理软件、分析发掘软件、可视化软件及其他软件产品的研发,以及海量数据存储设备、大数据一体机等硬件产品的研发。带动芯片、操作系统等信息技术核心基础产品的研发;创建更加完善大数据产品体系;大力开发深度结合重点行业领域业务流程和数据应用需求的海量数据解决方案。

政府要鼓励企业依托大数据,开展数据分析和挖掘服务,技术与知识流程外包服务;支持企业突出业务特色,立足于数据资源,积极开拓互联网平台金融新业态;推进大数据和移动互联网、物联网、云计算的进行深度结合,深化各类产业大数据创新运用,探索创新协作共赢应用模式与商业模式;增强大数据应用的创新能力,构建政产学研用联动的机制、大数据产业体系,实现大中小企业和谐发展;建立健全大数据产业公共服务支持系统,形成大数据开源社区,建立产业联盟,推进协同创新和加快计量与标准化工作、检验检测、认证认可,构建大数据产业质量技术基础,加快推进大数据应用推广。

(二)"互联网+"推动产业融合发展

"互联网+"推动产业融合发展主要包括创业创新、协同制造、现代农业、智慧能源、普惠金融、益民服务、高效物流、电子商务、便捷交通、绿色生态、人工智能等方面。

1.推进企业互联网化

数字经济引领传统产业转型升级的步伐开始加速。以制造业为例,工业机器人、3D打印机等新装备、新技术在以长三角、珠三角等为主的中国制造业核心区域的应用明显加快。

（1）"互联网+"树立企业管理新理念

企业互联网思维包含极致用户体验、免费商业模式和精细化运营三大要素，三大要素相互作用，形成一个完整的体系（或称互联网UFO模型）。互联网思维是在互联网时代的大背景下，传统行业拥抱互联网的重要思考方式和企业管理新理念。

互联网时代对企业生产、运营、管理和营销等诸多方面提出了新要求，企业必须转变传统思维模式，树立互联网思维模式；运用大数据等现代信息技术实现企业的精细化运营；坚持以用户心理需求为出发点，转变经营理念，秉承极少主义、快速迭代和微创新原则，实现产品的极致用户体验。腾讯公司、360公司用户开发方面的成功案例，即是最好例证；实行看似免费的商业模式，加强企业与用户的联系，同样是腾讯公司、360公司将这一思维模式发挥到极致的例证。

（2）推进企业互联网化的行动保障

政府采取增加中央预算内资金的方式，吸引更多社会资本参与，分门别类地安排"互联网+"重大项目；着力推进以移动互联网、云计算、大数据为核心的，以物联网为代表的新一代信息技术与制造、能源、服务、农业和其他传统产业的融合创新，壮大新业态，创造产业新增长点；统筹使用现有的财政专项资金，支持"互联网+"相关平台的建设与应用示范；试点互联网金融创新，扶持小微企业成长；降低创新型、成长型互联网企业上市进入门槛，结合《证券法》的修改及股票发行注册制改革，在成长阶段扶持具有良好发展前景，但是还未实现利润的互联网企业登陆创业板。积极开展"互联网+"试点，实现"互联网+"区域化和链条化。配套建设全面创新改革试验区、国家自主创新示范区，如中关村、国家现代农业示范区等，积极推进"互联网+"创新政策试点，攻克新兴产业的行业准入和数据开放问题、市场监管的政策障碍等等，同时对与新兴业态相适应的税收和保险政策进行研究，构建"互联网+"的生态体系。

2. 推进产业互联网化

推进产业互联网化，就是推动互联网向传统行业渗透，加强互联网企业与传统行业跨界融合发展，提高传统产业的数字化、智能化水平，由此做大做强数字经济，拓展经济发展新空间。数字经济特有的资源性、加工性和服务性，为产业互联网化提供更为广阔的空间。总体来讲，产业互联网化就是推进互联网与第一产业、第二产业和第三产业的深度融合、跨界发展。产业互联网化的过程即是传统产业转型发展、创新发展和升级发展的过程。

目前，我国应该以坚持供给侧结构性改革为主线，重点推进农业互联网化，这是实现农业现代化的重要途径；重点推进制造业互联网化，这是实现制造业数字化、智能化的重要途径；重点推进服务产业的互联网化，这是推进第三产业数字化发展的重要手段。大数据的迅猛发展，加快了产业"互联网+"行动进程。未来某段时期内，大数据将推动金融、教育、医疗、交通和旅游等行业快速发展。

（三）加快信息技术产业和数字内容产业发展

数字经济时代，发达国家的经济增长，其决定因素已经从要素投入"规模效应"向知识"溢出效应"过渡，知识密集型产业，特别是信息技术产业和数字内容产业，正逐渐成为经济发展的新增长点。知识密集型产业对经济社会发展具有重要意义。我国同样要适应知识密集型产业的历史趋势，加速新一代信息技术创新，积极推进数字内容产业的发展，以产业融合、链条经济促进产业结构的升级调整。

1. 加强新一代信息技术产业发展

目前新一代信息技术产业正在快速发展中，以新生互联网、云计算和物联网为代表，它们和社会经济的各个领域相结合，变成推动创新、经济增长和社会变革的主要动力。随着国务院颁布《关于加快培育和发展战略性新兴产业的决定》，信息技术产业得到政府部门大力支持，并加快对信息网络的基础设施建设，推进下一代移动通信以及互联网核心设备与智能终端的开发，促使其产业化发展；推进三网融合的步伐，推动物联网、云计算等技术的开发和广泛应用，数字经济将给我们带来前所未见的机遇。我国尚未完成工业化发展的历史任务，在这样的背景下，必须大力发展数字经济，要积极借助新一代信息技术进行创新，利用新一代信息技术强大的带动力和广泛的渗透力、影响力较大等特征，充分发挥后发优势，促进产业发展，实现服务业结构升级等，走出一条信息化和工业化深度结合的新型工业化发展路子。从实践层面看，中国移动、中国联通、中国电信三家电信运营商，华为、中兴和其他电信设备提供商正在探索推进5G和无线上网的发展，以宽带接入为主线，大力发展信息通信技术，并取得了一些成绩，中国信息通信产业不断走向成熟。

2. 重视数字内容产业的发展

数字经济已由"硬件才是王道""软件才是王道"迈入了"内容才是王道"时代，数字内容产业逐步成为发展最迅速的行业。我国有必要对数字内容产业的发展进行整体的规划，加强知识产权保护，用链条经济全面引领数字内容产业发展。

总之，数字经济在我国已经扬帆起航，数字经济正在打破传统的产业发展格局。为此，政府需要从数字经济发展的平台建设、"互联网+"行动计划，以及重视数字内容产业发展等方面采取措施，推进新形势下我国产业结构调整，提高信息化程度，积极应对数字经济发展。

三、弥合数字鸿沟，平衡数字资源

数字改变生活，数字经济发展也在改变我们的未来。数字经济时代，使社会公众能够共享数字经济发展红利，使经济社会发展的成果惠及全社会和广大民众，这是国家加快数字经济发展的出发点和最终落脚点。

（一）平衡数字资源

我国数字经济发展的最显著优势是网民众多，网民众多有利于我国成功从人口红利向网民红利转变。但是以互联网为代表的数字革命普及和应用的不平衡现实仍客观存在。

1. 数字鸿沟的主要表现

（1）网民地区分布不均衡

我国各地区互联网发展水平与经济发展速度关联度较高，普及率排名靠前的省份主要集中在华东地区，而普及率排名靠后的省份主要集中在西南地区。

（2）不同群体数字鸿沟显著

在数字时代，低学历人群的仍然是"弱势群体"。数字鸿沟的产生，一方面与网络普及程度有关，另一方面与社会成员所拥有的使用数字技术的知识和能力有关。在我国，数字鸿沟十分常见。

2. 弥合数字鸿沟具体举措

数字鸿沟是阻碍社会公众共享数字经济发展红利的最大障碍。因此，弥合数字鸿沟，平衡数字资源，是促进社会公众共享数字经济发展红利的必然要求。具体举措如下。

（1）建设数字政府

提升 Wi-Fi 网络覆盖面和便捷性，可以快速推进政府数据的开放与应用，加速推动政府云数据中心的建设，实现数据资源整合以及大数据相关产业的创新，推动和推广政府部门电子政务、移动服务等措施的实施，加快数字政府建设，提升政府对民众参与数字经济的服务水平和能力。

（2）实现网络全覆盖

我国要通过加大信息网络基础设施建设，尽快实现网络全面覆盖城乡，均等加大不同地区网络建设投入力度，使数字经济成果惠及不同区域、不同地区、不同群体。

（3）加强信息化教育

我国要通过引用数字化手段帮助贫困家庭儿童求学、求知，提高其综合素质，提升其上网技能；加快城镇化进程，实现农村不上网群体生产生活转变，提高民众参与数字经济发展的热情。

（二）大力倡导大众创业、万众创新

政府和相关部门根据国家创新驱动发展战略的要求，开展大数据创新行动计划，鼓励企业与公众挖掘和使用开放的数据资源以激发创新创业活力，推动创新链与产业链的深度融合，促进大数据发展和科研创新的融合，从而形成大数据驱动型科研创新模式，为科技创新与经济社会发展开辟道路，推进万众创新、开放创新与联动创新相结合。

1. 扶持社会创新发展

数字经济是未来经济发展的新"蓝海"，蕴藏巨大的商机，展现了更为广阔的市场。面对数字经济带来的新机遇、新挑战，政府应该帮助社会创新发展，因为只有创新才能使社会大众从数字经济的金矿里挖掘出更多的"金子"。

（1）鼓励和扶持高校毕业生和职业院校毕业生创业

国家要鼓励高校毕业生（毕业 5 年内）进行创新创业，加速实施大学生创业引领计划，培养一批高校毕业生创业先锋；实践上，以召开创业座谈会的形式，或者邀请专家讲座的方式，鼓励引导高校毕业生自主创业，勇于创新；同时，也要支持职业中专、普通中专学校的毕业生毕业后去各个领域创业，与普通高等学校毕业生同等待遇；对毕业生创业提供免费咨询、法律援助和其他服务。

（2）支持机关事业单位人员创业

机关及事业单位人员辞职经商的，经过批准后，可根据辞职前的工作年限作为机关事业社保缴费年限处理，辞职创业后，可以按照机关事业保险的标准自续保险，离休时，享受机关事业单位保险机关待遇。

（3）鼓励专业技术人员创业

国家要支持和鼓励专业技术人员自主创业，制定高校、科研院所和其他事业单位的专业技术人员在岗创业、离岗创业的相关鼓励政策；对离岗创业人员，经所在单位批准，人事关系可以保留3年，和原来所在单位的其他在岗人员一样，享受参与职称评聘、岗位等级晋升、社会保险及其他权利；鼓励科研机构、普通高校和职业院校等，以合作、转让、许可、投资及其他途径，优先将科技成果转让给高校毕业生所创办的小型企业；健全科技人员创业的股权激励政策，放松股权奖励、股权出售的企业成立年限及盈利水平的限制。

（4）营造良好的创新创业政策环境

相关部门简化注册登记事项，工商部门实行零收费，实行创业补贴和税收减免政策；解除最低注册资本的限制，注册基本采取认缴制；对工商登记的前置审批项目进行清理，实行"先照后证"的注册制度；放宽地址登记的条件，申请注册人员出具合法证明之后，可以进行注册；加快推进"三证合一"的注册制度，使注册登记流程更便捷高效。

（5）实行优惠电商扶持政策

国家和政府部门以"互联网+"和大数据为支撑，鼓励各行各业探索新的商业模式，建立健全工作机制，促使线上与线下、国内和国外、政府和市场实现开发合作；全面贯彻落实现有的电子商务税收扶持政策，鼓励个人网商转型成为个体工商户或者电商企业，对于电子商务企业缴纳税款难度较大的，符合税收减免条件的，由地税部门审批，视情况予以减免地方水利建设基金、房产税、城镇土地使用税等；鼓励和帮助电子商务和与其相关的服务企业申请高新技术企业、软件生产企业和技术先进型服务企业的认定工作，如果满足认定条件并通过认定的高新技术企业，可享受相关税收优惠等。

2. 规范和维护网络安全

随着移动互联网各种新生业务的快速发展，网民网络安全环境日益复杂。

为此，政府需要加强法律制度建设，提高网民网络安全意识，维护社会公共利益，保护公民、法人和其他组织的合法权益，促进经济社会信息化健康发展。当前，大数据已从互联网领域延伸至电信、金融、地产、贸易等各行各业，与大数据市场相关联的新技术、新产品、新服务、新业态不断涌现，并不断融入社会公众生活。大数据在为社会发展带来新机遇的同时，也给社会安全管理带来新挑战。由于数据的采集和使用权责不明、边界不清，一些公共部门和大型公司过度采集和占用数据，一些企业和个人不规范使用数据信息，直接侵害了数据信息所有人的合法权益。

针对以上问题，我国应结合国情，借鉴国际经验，尽快地进行规范数据使用与保护个人信息安全方面的立法，对数据使用进行规范，利用法律手段打击非法盗取、出售、使用、过度披露数据信息的情况，并实施专项检查，以整顿市场秩序；将个人使用数据的失当行为纳入公民社会信用记录，有效净化数据使用环境。

3. 树立共享协作意识

移动互联网平台、大数据平台和手机 App 等现代信息技术平台的推广运用，使社会组织、公众的联系愈加紧密，也为数字经济时代社会协作发展提供了可能。

（1）积极发挥社会组织公益式孵化作用

社会组织是一种自发性组织，以平等共享为主要特征。会员间是平等沟通、同业互助的关系，可以推动良性创新思维发展。与此同时，社会组织的自发建立本身就是创业与创新，也就是说社会组织自然具备创新创业的基因。为了提高创新创业的成功概率，应该积极发挥社会组织对创业者的公益式孵化作用，弥补国家、政府、企业无法顾及的创新创业领域。目前，在中关村就有多家社会组织为"大众创业、万众创新"提供全方位服务。比如"民营经济发展促进会""民营经济发展研究院""高校生创新创业联盟""职业教育产业联盟""中关村国大中小微企业成长促进会""中关村创业投资和股权投资基金协会"等，通过开办"创新创业大讲堂""创新创业服务超市""创新创业孵化基地"等，为数以万计的创业青年、众创空间、创业技术企业提供了融资、专业技能、管理水平、政策法规、办理执照等服务。

（2）坚持共享协作发展

在数字经济时代，创业创新发展不再是单兵作战、孤军奋战，而是社会公众全面共享协作发展。所以，创新创业发展要获得巨大成功必须充分利用移动互联网平台、手机 App 等数字化服务，加强政府、企业、社会共享协作发展，构建"政府引导、企业主导发展、社会共享协同参与"的数字经济发展新格局。

总之，数字经济发展成果广泛惠及社会民众，这是数字经济发展的根本。所以，弥合数字鸿沟，平衡数字资源，是社会公众共享数字经济发展红利的基本前提；大力倡导大众创业、万众创新战略行动，是社会公众共享参与数字经济发展红利的具体实践；规范和加强网络安全，加紧网络安全法规制度建设，是社会公众共享参与数字经济发展红利的重要保证。

致 谢

在这本专著《基于互联网的中国数字经济创新发展研究》的最后,我们想表达自己深深的感激和谢意。

首先,我们要感谢曾经给与帮助的同事和朋友,包括河北机电职业技术学院、泸州职业技术学院两所学校,泸州职业技术学院数字经济创新发展研究团队,以及在研究过程中调研、采访过的河北、四川两地政府、行业、企业的工作人员,他们的专业知识和丰富经验,以及专业的意见和建议使我们在研究过程中得以不断完善。他们的支持和鼓励让我们有信心面对研究中的困难和挑战。

此外,我们还要感谢数字经济领域的专家学者,他们的研究成果为本书的顺利完成提供了重要的参考和支持。

同时,我们要向协助编写和整理书籍的作者和编辑表示感谢,他们的辛勤工作和付出为书籍的质量提升做出了贡献。

最后,我们要感谢这个时代,感谢互联网和数字经济的发展,它们为我们的社会经济生活带来了巨大的变化。我们期待未来数字经济的进一步发展,并希望研究成果能为建设网络强国、数字中国做出一份微薄的贡献。

再次感谢所有支持、关心、帮助我们的人。

参考文献

[1] 钱志新.全新数字经济[M].北京：企业管理出版社，2022.

[2] 许正中.关于数字经济的答问[M].北京：国家行政学院出版社，2022.

[3] 宋爽.数字经济概论[M].天津：天津大学出版社，2021.

[4] 叶开，贾朝心，黄笙发，等.产业数字经济[M].北京：中国商务出版社，2021.

[5] 孙毅作.数字经济学[M].北京：机械工业出版社，2021.

[6] 唐怀坤，史一飞.解码数字经济[M].北京：知识产权出版社，2021.

[7] 阿维·古德法布，谢恩·M.格林斯坦，凯瑟琳·E.塔克.数字经济的经济学分析[M].赵志耘，等译.大连：东北财经大学出版社，2021.

[8] 聂玉声.区块链与数字经济时代[M].天津：天津人民出版社，2019.

[9] 郭沙，赵勇，谷瑞翔，等.数字孪生：数字经济的基础支撑[M].北京：中国财富出版社，2021.

[10] 杜国臣，李凯.中国数字经济与数字化转型发展[M].北京：中国商务出版社，2021.

[11] 金泽虎，钱前.数字经济助力产业升级的逻辑——基于合肥市服务外包视角的实证[J].大连大学学报，2023，44（01）：94-104.

[12] 钱力，孙芳.数字经济对城乡融合发展影响研究——基于中介效应模型实证检验[J].江汉大学学报（社会科学版），2023，40（01）：58-70+127.

[13] 李佳薇.黑龙江数字经济发展思考[J].合作经济与科技，2023（06）：60-61.

[14] 王立新，孙梦婷.中国31省份数字经济发展水平测算研究[J].经济论坛，2023（02）：5-16.

[15] 谈镇，冯桥兰，张一飞.数字经济对区域协调发展的影响——基于区域创新绩效视角[J].山东商业职业技术学院学报，2023，23（01）：1-10.

[16] 吴先锋，白玉娇.基于技术演进视角的数字经济特征与发展策略[J].兰州财经大学学报，2023，39（01）：49-56.

[17] 周升起，吴欢欢.数字经济助推共同富裕：作用与机制研究[J].调研世界，2023（02）：23-32.

[18] 王军，王菊，朱杰.数字经济、市场化水平与农民增收[J].电子科技大学学报（社科版），2023，25（01）：17-26.

[19] 王春娟，崔光野，山少男.新发展格局下数字经济与城市品牌经济耦合发展探析[J].商业经济研究，2023（03）：113-116.

[20] 任柯颖，李吉友，赵昕蕾.中国数字经济与实体经济深度融合发展路径研究[J].商业经济，2023（03）：29-32+36.

[21] 曹书维.数字经济发展对中国双向FDI基本动机的影响研究[D].长春：吉林大学，2022.

[22] 梁萌.数字经济对农业经济增长的影响研究[D].长春：吉林农业大学，2022.

[23] 孙凡淇.数字经济下企业商业模式创新及绩效[D].济南：山东财经大学，2022.

[24] 费晓洲.数字经济对区域创新能力影响的实证研究[D].成都：西南财经大学，2022.

[25] 李梦珂.数字经济对中国区域经济增长的影响研究[D].郑州：河南财经政法大学，2022.

[26] 马旭.数字经济发展对内蒙古产业结构优化升级的影响研究[D].呼和浩特：内蒙古财经大学，2022.

[27] 薛瑶.数字经济对我国零售业高质量发展的影响效应研究[D].镇江：江苏大学，2022.

[28] 李凯迪.数字经济对服务贸易出口结构影响的实证研究[D].杭州：浙江大学，2022.

[29] 万思琦.数字经济发展对产业发展的影响研究[D].昆明：云南财经大学，2022.

[30] 庞丽敏.数字经济对城乡收入差距的影响研究[D].太原：山西财经大学，2022.